中等职业教育民政管理专业系列教材

沟 通 技 巧

GOUTONG JIQIAO

主 编／贾丽彬 袁 国

副主编／罗 辑 刘慧玲 黄婷婷

参 编／王玉龙 金昱伶 谭树民 王 均

京师职教

zjfs.bnup.com | www.bnupg.com

北京师范大学出版集团
BEIJING NORMAL UNIVERSITY PUBLISHING GROUP
北京师范大学出版社

图书在版编目(CIP)数据

沟通技巧 / 贾丽彬,袁国主编. —北京:北京师范大学出版
社,2017.7(2024.1重印)
ISBN 978-7-303-20942-2

Ⅰ.①沟… Ⅱ.①贾… ②袁… Ⅲ.①心理交往-职业教育
-教材 Ⅳ.①C912.1

中国版本图书馆 CIP 数据核字(2016)第 170725 号

教 材 意 见 反 馈   gaozhifk@bnupg.com   010-58805079
营 销 中 心 电 话   010-58805530   58808064
编 辑 部 电 话   010-58808077

出版发行:北京师范大学出版社   www.bnup.com
     北京市西城区新街口外大街 12-3 号
     邮政编码:100088
印 刷:北京虎彩文化传播有限公司
经 销:全国新华书店
开 本:787 mm×1092 mm 1/16
印 张:10.25
字 数:230 千字
版 次:2017 年 7 月第 1 版
印 次:2024 年 1 月第 4 次印刷
定 价:24.00 元

策划编辑:易 新   责任编辑:戴 轶 肖 寒
美术编辑:高 霞   装帧设计:高 霞
责任校对:陈 民   责任印制:马 洁

总　序

　　民政部门是在党中央、国务院和地方各级党委、政府领导下，紧紧围绕保障和改善民生、加强和创新社会管理推进各项工作，并积极履行保障基本民生、创新社会管理、促进国防建设、强化社会服务等方面的基本职能，服务了党和国家工作大局，促进了经济平稳较快发展和社会和谐稳定，充分发挥了民政系统在社会建设中的骨干作用。

　　"行业发展、教育先行"，大力培养民政管理专业人才，不仅可以为民政行业提供专业化人才，而且能够促进民政行业的职业化规范化建设。教材是知识传承和积累的载体，是保障教学的基础，优秀的教材更是提高教学质量、培养优秀人才的根本。因此，在民政行业指导委员会的大力支持下，在北京师范大学出版社的积极推动下，由全国民政职业教育教学指导委员会联合全国开设民政管理专业的优秀的职业学校、研究机构联合编写的民政管理专业系列教材，并向全国职业院校和相关机构推荐使用。系列教材的出版将会在推动民政管理专业建设、人才培养、社会服务等方面起到推动和促进作用。

　　本次编写的民政管理专业系列教材是"十二五"职业教育国家规划立项送审教材，旨在以教材鼓励各主编学校结合各自办学特色及优势学科，整合各参编单位教学经验，博采众长，在稳定教学内容的基础上，做到优势突出，特色鲜明。主编单位发挥牵头作用，参编单位积极出谋划策，分享教学经验和成果，共同提高中国职业教育的教学水平。在内容选取上，本系列教材立足民政管理岗位需求，内容涵盖民政管理岗位人才需要掌握的核心技能，包括民政概论、社会工作方法与技巧、个案工作与小组工作、社区工作实务、民政公文写作、社会保障基础、社会福利管理与服务、社会调查方法与统计、沟通技巧、社会心理学基础 10 个方面的内容。

　　"十年树木，百年树人"，人才队伍建设非一朝一夕可实现。在此，我要感谢参与编写本系列教材的所有人员和出版社，是你们的全心投入和努力，让我们看到这样一系列优秀教材的出版。我要感谢各院校以及扎根于一线民政管理人才教育的广大教师，是你们的默默奉献，为民政行业输送了大量的高素质人才。我相信，在教育机构和行业的共同努力下，我国的民政人才必定会数量充足且质量优秀，进而推动民政事业走上规范化、专业化、职业化、可持续发展的健康道路。

前　言

美国第 44 任总统奥巴马的获胜演讲——《美国的变革》许多人都听过，他的胜选与他的"三寸不烂之舌"关系重大。就连他的反对者们，也都不得不承认："他是一个非常有'魅力'的人。""魅力"来自于哪儿？来自于沟通和表达。如果奥巴马不具备这种与公众沟通的能力，他还能成功贩卖自己的政治理想并走上人生的巅峰吗？沟通能力，是每个人都必须具备的一种处世能力。只有提高自己的沟通能力，才能在人生之路上走得更好、更远。

我们的伟大领袖毛主席说，自己有两样武器——"枪杆子"和"笔杆子"。如果说奥巴马的"三寸不烂之舌"是口头沟通，那么毛主席的"笔杆子"就是一种书面沟通了。毛主席一生都紧握"笔杆子"，笔在他的手中，变成挥向敌人的锋利无比的"武器"，也变成团结群众、提高自己号召力的纽带。他一生中写过无数让战友和敌人都无比称赞的诗文，他的"枪杆子里出政权""所有反动派都是纸老虎""全世界无产者们团结起来"……这些言论鼓舞了无数在黑暗中挣扎的人们，使他们坚定了必胜的信心。他用笔与全中国人民、与全世界沟通，用笔传播自己的政治理想，吸引了一批又一批的追随者，于是，才有了他自己的成功和中国的成功。

一个人不善于沟通，就会先输一招。不管你处于何种行业，也不管你身在何种职位，你的沟通能力越高，你的生活品质就越好。《沟通技巧》一书提供了大量的案例以及实战经验，帮助大家掌握良好的沟通技巧。

本教材共分为 7 个项目，包括沟通基本概念认知、有效沟通、口头语言的沟通、书面语言的沟通、非语言符号的沟通、人际沟通中的语言艺术、互联网沟通。主要知识框架为，项目情景聚焦、学习目标（知识目标、能力目标）、工作任务分解与实施、必备知识、拓展训练、推荐阅读。以案例提出问题导入，引导学生主动思考提出的问题，培养学生提高实际工作能力和评判性思维能力。有助于学生理论联系实践，提高学习兴趣，使学生有针对性地进行系统学习，真正掌握本职业的核心技术与操作技能。

本书由贾丽彬、袁国负责统稿、审稿并担任主编，参编人员分工如下：

项目一：金昱伶

项目二：罗　辑

项目三：刘慧玲

项目四：贾丽彬

项目五：王玉龙

项目六：黄婷婷

项目七：罗　辑

　　《沟通技巧》可作为职业院校相关专业学生的教材，也可作为培训教材。本教材在编写过程中得到了各位编者的大力支持，同时参阅了大量的相关资料，在本书的出版过程中得到了北京师范大学出版社领导和编辑的专业指导和帮助，在此一并表示感谢。

　　由于编者能力、水平有限。本书中的错误和疏漏之处在所难免，恳请使用本教材的师生和读者多提宝贵意见，以便我们今后对本书加以修订和完善。

贾丽彬　袁　国

目 录

项目一　沟通基本概念认知

项目情景聚焦

　　沟通是人类的基本特征和活动之一，没有沟通，就不可能形成组织和人类。沟通是一个人获得他人思想、感情、见解、价值观的一种途径，是人与人之间交往的一座桥梁。通过这座桥梁，人们可以分享彼此的感情和知识，也可以消除误会，增进了解。

任务一
了解沟通的含义和要素

学习目标

> 知识目标：能掌握沟通的含义，理解达成沟通过程必备的各种要素。
>
> 能力目标：能正确合理地运用沟通的各种要素，为有效沟通创造良好的环境。

工作任务描述

> 老张学会了使用电脑，第一次使用电子邮箱给女儿写了一封邮件，内容是这样的："女儿，谢谢你给爸爸买了电脑，在你弟弟的帮助下我终于学会了使用，我现在通过电子邮件祝福你身体健康，工作顺利。"第二天老张就收到了女儿的回复："爸爸，谢谢您的祝福。我真替您开心，希望这台电脑能给您的老年生活增添乐趣。"
>
> **问题及思考：**
>
> 老张和女儿互通邮件的过程我们可否将其称为沟通？如果可以，那么这个过程包含了哪些要素？

工作任务分解与实施

一、沟通的含义

对于沟通的含义，存在着许多不同的说法。

《大英百科全书》认为，沟通就是"用任何方法，彼此交换信息。即指一个人与另一个人之间以视觉、符号、电话、电报、收音机、电视或其他工具为媒介，所从事之交换消息的方法"。

《韦氏大辞典》认为，沟通就是"文字、文句或消息之交通，思想或意见之交换"。

政治学家拉斯韦尔认为，沟通就是"什么人说什么，由什么路线传至什么人，达到什么结果"。

管理学家和社会科学家西蒙认为，沟通"可视为任何一种程序，借此程序，组织中的每一成员，将其所决定的意见或前提，传送给其他有关成员"。

在英文中，"沟通"（Communication）这个词既可以译作沟通，也可以译作交流、交际、交往、通信、交通、传达、传播等。这些词在中文中的使用尽管会有些微差异，但它们本质上都涉及信息交流或交换，其基本含义是"与他人分享共同的信息"。

本书综合各种有关沟通的定义，认为沟通是人与人之间，人类组织或群体之间，通过某种途径或方式，将一定的信息从发送者传递给接收者，获得对方理解和反馈的过程。

二、沟通的要素

整个沟通过程由七个方面要素组成，即信息源、信息、通道、信息接收者、反馈、障碍和背景。

1. 信息源

信息源是指拥有信息并试图进行沟通的人，即沟通者。沟通的目的各有不同，可能只是为了提供信息，或为了影响别人，或为了与人建立某种联系等。沟通者的概念是相对的，在整个沟通活动中，沟通双方往往互为沟通者和信息接收者。

2. 信息

信息是指沟通者试图传达给别人的内容，这种内容往往附加有沟通者的观念、态度和情感。沟通者附加的态度和情感主要通过声调、语气、语速、附加词、语句结构以及表情、神态、动作等方式加以传递。这种信息可能是直接明确的，即内容通俗易懂，直截了当，无须思索和逻辑推理，这种信息也可能是间接隐晦的，需要深刻理解和推理才能弄懂其内容。

3. 通道

通道是指沟通信息传递的方式。人的五感如视觉、听觉、味觉、嗅觉、触觉都可以接收信息，但在日常生活中最主要和运用最为广泛的沟通是视觉沟通和听觉沟通。人们常用的沟通的方式既包括面对面的直接沟通，也包括网络沟通、电话（语音沟通）、书信（文字沟通）、托人捎话（间接语音沟通）等间接沟通方式。心理学研究发现，在所有的沟通方式中，影响最大的仍然是原始的面对面的沟通方式，这是因为在面对面的沟通方式中，沟通者除提供语言信息外，还可以通过眼神、表情、姿态、动作等向信息接收者传达更为全面的信息内容，对接收者具有更强烈的感染作用，同时沟通者还可观察到信息接收者完整的反馈信号，全面了解接收者对信息的反应，并可根据对方的反馈及时调整自己的沟通方式，如果对方表现出的是积极的反应，则可以继续进行沟通，如果对方表现出消极的反应，则会随时对沟通方式和沟通内容加以调整，有助于提高沟通效果和最大限度地对接收者产生影响。

4. 信息接收者

信息接收者即指接收信息的人。信息接收者的信息接受是一个复杂的过程，包括一系列注意、知觉、转译和储存等心理活动。信息接收者有可能是多人，如正在听课的学生、听演讲的听众、群体性事件中被说服的人群等，也可能仅仅是自己，如自我沟通。

5. 反馈

反馈是指信息接收者对信息的反应。反馈可以反映出信息接收者对信息的理解和接受状态。根据信息接收者对信息的理解、接受状态，反馈可分为正反馈、负反馈和模糊反馈。如果反馈显示出信息接收者理解并接受了信息，如当事人对调解员所说话题饶有兴趣或者点头称是，则这种反馈为正反馈；如果反馈显示出信息没有被理解和接受，如听者一脸的茫然或直接打断说"我不懂你的意思"，说明听者并没有理解信息的内容，或者听者表现出很不耐烦的神态，阻止不让再说下去，表明不同意沟通者的见解时，则这种反馈为负反馈；如果信息接收者对信息的反应处于不确定状态时，即信息不够充分，接收者无法决定接受与否，这种反馈则为模糊反馈。模糊反馈并不是说接收者没有反应，而是接收者已经接收到了信息，虽然没有明确地表态，但信息会对接收者产生一定的影响。反馈不一定来自对方，沟通者也可以在信息发送过程中自行获得反馈信息，比如沟通者发觉自己所说的话有误或不够准确，也会对此自行做出调整，心理学家称之为自我反馈。在自我沟通中常伴随有自我反馈。

沟通属于一种交互作用，在实际的沟通过程中，沟通的双方都在不断地将反馈信息回传给对方，始终处于一种双方互相传递和反馈信息的过程，任何一方既是沟通者也是反馈者，如果一方缺乏反馈或者出现负反馈，则会造成沟通的阻断，导致沟通无法继续进行，比如对方面对沟通者的说辞无动于衷甚至反感，沟通者的沟通则会以失败而告终。

6. 障碍

人们在沟通中经常会发生障碍，沟通过程中任何环节出现问题，都会造成沟通障碍，如信息不明确、没有表达清楚、信息没有被正确转换成可以沟通的信号、错用沟通方式、信息接收者误解信息，比如过于随意的批评被人误认为是在开玩笑等，都有可能造成沟通障碍。

7. 背景

背景即沟通发生的环境。不同的背景，信息会被赋予不同的意义，同样一句"你这人差得远"，如果是在私人社交圈里对某个朋友说，会被认为是一句玩笑话，如果是在正式的场合对某人说，则会被认为是一种侮辱。

三、任务解决

任务中老张通过电子邮件的方式，向女儿传递了一些信息，并通过女儿的邮件回复获得了女儿的理解和相关的信息反馈，因此符合沟通的定义，我们应该将这一过程称为沟通。

在这个过程中，包含了以下沟通的要素：一是信息源，在这个过程中，老张和女儿相互传递了信息，因此老张和女儿都是信息源；二是信息，这里的信息包括老张传递出的"感谢女儿买了电脑、自己已学会使用、对女儿的祝福"以及老张女儿传递出的"感谢祝福、替老爸开心、希望电脑为老爸生活增添乐趣"等信息；三是通道，老张和女儿沟通的通道是电子邮件；四是信息接收者，同样老张和女儿互为接收者；五是反馈，老张女儿的回复就是对老张信息传递的反馈；六是背景，通过对信息内容的观察，我们可以推断老张和女儿沟通的背景是女儿为父亲买了电脑。

必备知识

沟通的功能

(1)传递信息的功能。人们通过沟通交流可以交换传递信息。

(2)心理保健的功能。有时候我们白天经历了一些事，到晚上家人或朋友会在一起聊聊天，说说白天遇到的烦心事，生活中遇到的困难，夫妻之间吵架了好好聊一聊，都能起到平复心情、维持心理健康的作用。不一定什么事都非得去找心理咨询师解决，通过沟通可以有效排解负面情绪。

（3）形成和发展社会心理的功能。人要形成他的社会角色，什么样的角色做什么样的事，负担什么样的责任，这些都是通过沟通由别人告诉你的。怎样做一个乖小孩，父母会告诉你；成为一名学生后，上课要听讲，不能随便离开教室等，老师会告诉你。沟通交流可以帮助一个人形成社会心理和社会角色。

（4）自我认识功能。人的某些缺点或优点可能自己不知道，但通过与别人的交流，我们可以得到别人对我们的反馈信息，便可以更加全面地认识自己。

（5）人际协调功能。沟通是达成协调的基本条件，没有沟通就无法达成相互协调，也就很难共同参与完成某件事情。

拓展训练

请列举十种生活中的沟通行为。

推荐阅读

《沟通的艺术》，作者：罗纳德·阿德勒、拉塞尔·普罗克特

任务二
了解沟通的种类和形式

学习目标

知识目标：掌握沟通的种类和各种形式，并把握各自的优缺点。

能力目标：能根据具体情况选择适合的沟通方式。

工作任务描述

王某是公司的行政部经理，通过公司内部文件的方式向公司全体员工发送了一项通知，通知所有员工从下周一起必须穿工作服上班，并随时佩戴工作牌，上下班时必须采用指纹打卡。

问题及思考：

1. 请问案例中的沟通按照组织结构特征划分，属于哪种形式的沟通？

2. 该种形式的沟通具有怎样的优缺点？

工作任务分解与实施

一、沟通的种类

1. 语言沟通

语言是人类特有的一种非常好的、有效的沟通方式。语言的沟通包括口头语言、书面语言、图片或者图形。口头语言包括我们面对面的谈话、打电话、开会等。书面语言包括我们的信函、文件、广告和传真，甚至用得很多的 E-mail 等。图片、图形则包括一些幻灯片和电影等，这些统称为语言的沟通。

在沟通过程中，语言沟通对于信息的传递、思想的传递和情感的传递而言更擅长信息的传递。

2. 肢体语言沟通

肢体语言又称身体语言，是指通过头、眼、颈、手、肘、臂、身、胯、足等人体部位的协调活动来传达人物的思想，形象地借以表情达意的一种沟通方式。例如鼓掌表示兴奋，顿足代表生气，搓手表示焦虑，垂头代表沮丧，摊手表示无奈，捶胸代表痛苦。当事人以此等肢体活动表达情绪，别人也可由之辨识出当事人用其肢体所表达的心境。实际上，在我们的声音里也包含着非常丰富的肢体语言。我们在说每一句话的时候，用什么样的音色去说，用什么样的语调去说等，这都是肢体语言的一部分。

相对于语言沟通更擅长信息传递的特点，肢体语言则更善于传递人与人之间的思想和情感信息。

二、沟通的形式

1. 正式沟通与非正式沟通

按照沟通的组织结构特征，沟通可分为正式沟通和非正式沟通。

正式沟通是指在群体、组织内部，依据一定组织原则所进行的信息传递与交流。例如，组织内部的文件传达，上下级之间例行的汇报、总结，工作任务分配以及组织之间的信函往来等都属于正式沟通。正式沟通具有严肃性、程序性、稳定性、可靠性及信息不易失真等优点，其缺点是形式相对刻板。

非正式沟通是指不受组织监督而自行选择的沟通渠道，是正式沟通渠道以外自由进行的信息传递和交流，它是正式沟通的补充。例如，员工之间私下交换意见，交流思想感情或传播小道消息等。其优点是形式灵活，直接明了，速度快，容易及时了解正式沟通难以提供的"内幕新闻"；缺点是难以控制，传递的信息不确切，容易失真、曲解。

非正式沟通作为正式沟通的补充有其积极的作用，通过它可以掌握群体成员的心理状况，并在一定程度上为组织决策提供依据。但由于在非正式沟通中信息失真程度比较大，所以既不能完全依赖非正式沟通获得必要的信息，又不能完全忽视它。

2. 上行沟通、下行沟通与平行沟通

按照沟通中信息流通的方向，沟通可分为上行沟通、下行沟通和平行沟通。

上行沟通是指在组织或群体中从较低层次向较高层次的沟通。它是群体成员向上级提供信息、发表意见和对情况的反映。如果上行沟通渠道畅通，可使下级员工向上级反映自己的意见和愿望，获得某种心理上的满足，同时也可使领导者及时、准确地掌握下级情况，为做出符合实际的决策和改进管理创造条件。上行沟通是一个组织领导者了解和掌握组织全面情况，以做出正确决策的重要环节。

下行沟通是指组织或群体中从较高层次向较低层次传递信息的过程。它是组织的领导者把组织的目标、规章制度、工作程序向下传达的沟通方式。下行沟通可使下级员工明确工作任务、目标、增强责任感和组织归属感，而且可以协调组织各层次的活动，加强各级间的有效协作。

平行沟通是指组织或群体中各平行机构之间的交流及员工在工作中交互作用和工作交谈等。平行沟通能够保证部门间相互通气，相互配合和支持，从而减少矛盾和冲突，有利于组织各种关系的平衡和稳定。

3. 单向沟通与双向沟通

按照信息发送者与接收者的位置是否变换，沟通可分为单向沟通和双向沟通。

单向沟通是指信息的发送者与接收者之间相对位置不发生变化的沟通，即信息的交流是单向的流动，一方发送信息，另一方只接受信息，双方无论在语言上还是情感上都缺乏信息反馈。例如演讲、作报告、广播消息等都属于单向沟通。单向沟通的优点是信息传递快，其缺点是缺少信息反馈，沟通的信息准确性差，当接收者不愿接受意见或任务时，容易引起不满与抗拒。

双向沟通是指信息的发送者与接收者的位置不断变化的沟通，即信息交流是双向的活动。信息发送者以协商和讨论的姿态面对接收者，信息发出后，还要及时听取反馈意见，发送者和反馈者要进行多次重复交流。例如组织间的协商、讨论或是两个人之间的谈心等都属于双向沟通。双向沟通的优点是能及时获得反馈的信息，沟通信息准确性较高，通过沟通有助于联络和巩固双方感情。其缺点是信息完整传递速度较慢，接收者可以反对信息发送者的意见，在一定条件下可能给发送者造成心理上的压力。

4．直接沟通与间接沟通

按照信息沟通的过程是否需要第三者加入，沟通可分为直接沟通和间接沟通。

直接沟通是指信息发送者与接收者直接进行信息交流，无须第三者传递的沟通方式。例如面对面的交谈、电话交谈等。直接沟通的优点是沟通迅速，双方可以充分交换意见，交流信息，迅速取得相互了解。其缺点是信息的有效传递需要时间和空间的一致性，有时直接沟通存在一定困难。

间接沟通是指信息发送者必须经过第三者的中转才能把信息传递给接收者。间接沟通的优点是不受时间和空间条件的限制。其缺点是较浪费人力和时间，且可能使信息失真。

5．口头沟通与书面沟通

按照信息沟通时所凭借的媒介，沟通可分为口头沟通和书面沟通。

口头沟通是指以口头语言为媒介的沟通，例如演讲、口头汇报等。口头沟通是人际关系中最常用的一种形式。人们借助口头语言的表达方式彼此传递着不同的信息、情感和思想。口头沟通的优点是信息发送和反馈快捷、及时，双方不仅可以面对面进行语言交流，而且可以进行感情交流，增加亲切感、提高沟通效果。其缺点是沟通范围有限，受表达能力限制，随机性较强，容易造成词不达意或传递一些"多余"信息，不容易保存信息。

书面沟通与口头沟通都属于语言沟通的过程，但书面沟通更加规范、正式和完整。书面沟通是以书面文字为媒介的沟通，例如通知、文件、备忘录等。在组织和群体正式的、比较规范的沟通中通常用书面沟通。书面沟通的优点是沟通的内容具体化、直观化，沟通信息能够被永远保存，便于查询。其缺点是花费大量时间，缺乏及时的反馈，适应情况的应变能力差，而且不能保证接收者完全正确地理解信息。

三、任务解决

案例中王某与公司员工沟通的方式是通知，这种通知是通过公司内部文件的方式来传达信息的，按照沟通的组织结构特征划分，应属于正式沟通的范畴。正式沟通的优点是具有严肃性、程序性、稳定性、可靠性，信息不易失真，其缺点是形式相对刻板。

必备知识

非正式沟通途径的四种传播方式

群体中信息的传播，不仅通过正式沟通渠道进行，还通过非正式沟通渠道进行。美国心理学家戴维斯曾在一家皮革制品公司专门对 67 名管理人员进行调查研究，发现非正式沟通途径有四种。

(1)单线式。通过一连串的人，把信息传递到最终接收者。

(2)流言式。一个人主动地把信息传递给其他许多人。

(3)偶然式。按偶然的机会传播小道消息。

(4)集束式。把小道消息有选择地告诉自己的朋友或有关人。集束式又称葡萄藤式。

戴维斯还发现，小道消息传播的最普遍的形式是集束式。在一个单位里，大约只有 10％的人是小道消息的传播者，而且多是固定的一群，其余的人往往姑且听之，听而不传。总之，一个群体里，有的人是小道消息的"制造者"，有的人是小道消息的"传播者"，有的人是"夸大散播者"，而大多数人是只听不传或不听不传者。

戴维斯的研究表明，小道消息有五个特点：第一，新闻越新鲜，人们议论越多；第二，对人们工作越有影响，人们议论越多；第三，越为人们熟悉的，人们议论越多；第四，人与人在生活上有关系者，最可能牵涉到同一谣传中去；第五，人与人在工作中常有接触者，最可能牵涉到同一谣传中去。

小道消息由于均以口头传播为主，故易于形成，也易于迅速消失，一般没有永久性的结构和成员。对小道消息的准确性，有人曾做了统计。赫尔希对 6 家公司的 30 件小道消息做了调查分析，发现有 16 件毫无根据，5 件有根据也有歪曲，9 件真实。

拓展训练

老张是一家电子公司的老板，最近公司内部人员之间矛盾频出，不仅影响了公司的工作环境，也给公司业绩带来了不小的损失。老张决定对公司员工之间的问题进行一次调查，于是让各级部门层层收集员工们的意见，汇总后由部门负责人向其汇报。但历经一周的意见收集后，在部门负责人的汇报中，老张并没有发现什么实质性的问题。

1. 请问老张的这种沟通方式存在什么问题？

2. 如果你是老张，你将如何改善沟通的方式来获得更好的效果？

推荐阅读

《有效沟通》，作者：余世维

项目二　有效沟通

项目情景聚焦

　　沟通是人们生活和工作中必不可少的活动，是人们融入社会的桥梁。有效沟通是人们事业成功和生活幸福的必要手段。认识到有效沟通对事业、生活以及个体心灵成长的重要性，掌握有效沟通的技巧是非常重要的。在与人交往中，一定要注意文化、性别、环境以及心理因素的影响，树立正确的沟通理念，并将其贯穿沟通的整个过程。

任务一

了解有效沟通的意义和作用

学习目标

知识目标：认识什么样的沟通才是有效沟通，掌握有效沟通对企业、个人的作用，重点理解有效沟通在企业管理和个人成长中的作用。

能力目标：能在实际的生活、工作和学习中注意到有效沟通的重要性，并有意识地去引导自己实现有效沟通。

工作任务描述

某宾馆服务员小罗第一天上班，被分配在酒店 A 楼 5 层做台班。由于刚经过 3 个月的岗前培训，她对工作充满信心，自我感觉良好，一上午的接待工作也还算顺手。

午后，电梯门打开，走出两位来自中国香港的客人。小罗立刻迎上前去，微笑着说："你好先生。"看过客人的住宿证后小罗接过他们的行李，一边说"欢迎入住本酒店，请跟我来"。小罗领他们走进房间后，随手为他们倒了两杯茶，说"先生请用茶"。

接着她开始一一介绍客房设备，这时一位客人说"知道了。"但是小罗没有什么反应，仍然继续介绍着。还没说完，另一位客人在自己的钱包里拿出一张百元人民币，不耐烦地递给小罗。

"不好意思，我们不收小费的。"小罗嘴上说着，心里却想，自己是一片好意，怎么会被误解了。这使小罗十分委屈，她说了一声，"对不起，如果您有事就叫我，我先告退。"

问题及思考：

1. 小罗的做法是否合适？是有效沟通吗？为什么会被客户误解？
2. 应如何和客户进行有效的沟通？

工作任务分解与实施

一、有效沟通的定义

有效沟通就是依赖听、说、读、写、动作、表情等载体，通过演讲、会见、对话、讨论、信件等方式将自己的观点表达出来，使对方能够正确理解自己的意思。

二、有效沟通的特征

1. 准确

沟通是双方互相交换信息的过程，在这个过程中，信息的准确度和清晰度直接影响沟通的效果。无论在工作还是在人际交往过程中，人们都希望自己能快速、准确地理解对方的意思，一旦信息传递失真或者信息过于琐碎，人们不能把握对方的意图，那么这样的沟通也就成了无效沟通。

2. 高效

沟通是处理矛盾，尤其是组织管理中矛盾的重要工具，如果沟通效率过低就无法及时合理地对内部矛盾进行处理，可能会埋下隐患的种子。

提高沟通的效率关键在于抓住管理中的主要矛盾，明确沟通的方向和目标，对症下药才能避免沟通的盲目性和低效；另外，多样化沟通的模式也是提高沟通效率的有效方式。沟通既可以是从上到下的，也可以是从下到上的。既可以通过网络沟通，也可以采用面对面的沟通，这样既可以提高沟通的效率，也可以降低沟通的成本，沟通的作用也能得到淋漓尽致的发挥。

3. 双向

沟通作为一个信息的流通活动，应该是双向的传播过程。没有反馈，我们无法得知沟通的目标达成与否，沟通的效果如何。因此，在沟通过程中，要注意传达信息，也要注意信息的反馈，进而据此调整沟通行为，这样的沟通才是有效的沟通。

三、有效沟通的意义

美国作家安妮·默洛·林德伯格说，良好的沟通交流就像黑咖啡，它会令人兴奋到难以入眠。美国石油大王洛克菲勒曾说过，假如人际沟通能力也是同糖或咖啡一样的商品的话，我愿意付出比太阳底下任何东西都珍贵的价格来购买这种能力。确实，无论对一个企业，还是个人来说，良好的沟通能力都是不可或缺的。

(一)有效的沟通是事业成功的基石

对于一个企业来说，信息的正常和高效流通是至关重要的。然而在很多企业中，管理层和员工以及员工和员工之间往往隔着一堵厚厚的墙，它在很大程度上阻碍了彼此之间的沟通和交流，也阻碍了企业效率的提高和团队凝聚力、合作力的形成。员工对于管理者的命令和决策只是一味地服从。员工把自己看作独立的个体，相互之间的协作会由于无法完全领悟或曲解对方的意图而归于失败或者低效率，不能达到预期的效果。

正如韦恩佩思所说，沟通是人们和组织得以生存的手段，当人缺乏与生活抗争的能力时，最大的根源往往在于他们经常缺乏适当的信息。获取重要信息和完成工作的技巧的获得取决于在技能学习和信息传递过程中沟通的质量。

企业中有两个数字可以很直观地反映有效沟通的重要性，这就是两个70%。

第一个70%，是说企业的管理者有70%的时间用在沟通上。开会、作报告、听取员工的意见、进行商业谈判都是管理者经常进行的沟通活动。

第二个 70％，是说企业中 70％的问题是由于沟通障碍引起的。比如企业中比较常见的效率不高的问题，往往就是沟通不畅引起的。还有部门之间的"踢皮球"的现象往往也是前期的沟通无效引起的。

每个人都是企业这台大机器上的一部分，机器的正常和高效运转离不开每一部分的正常运行。马克思在论述整体和部分的关系时曾说，各个部分之和会具有整体不具备的功能。对于一个企业来说，如果各个部门甚至每个人都能发挥主观能动性，全身心投入到工作中去，有可能会创造出出乎管理者意料的成果和财富。

对于管理者来说，有效的沟通是保证决策的正确性和高效执行的重要一环。在现代企业中，由于分工越来越细，管理者通常处于整个企业的舵手的位置，不可能事事都亲力亲为。因此，管理者的决策能否符合企业实际情况，能否被不打折扣地执行是非常重要的。通常情况下，管理者对于企业整体情况的了解主要来自于自下而上的总结和汇报。从这个层面上来说，一线员工是最了解企业的发展状况的。如果底层员工和其直接领导的沟通出现了偏差和误解，那么随着逐层地上报，沟通的偏差会越来越大，最终的结果也是不堪设想的。

对于普通员工来说，有效的沟通既是和同事建立良好人际关系的基础，也是顺利完成本职工作的重要环节。作为企业中一员，每个人都会和别的同事产生千丝万缕的联系，不可能独来独往。因此。大到工作上的合作，小到日常相处，有效的沟通都显得非常重要。

比如，在合作完成工作的过程中，由于沟通的问题没能进行合理有效的分工，由此导致工作没能按时完成，次数多了自然会影响领导对员工能力的认同。哈佛大学就业指导小组调查结果显示，在 500 名被解雇的男女中，因为人际沟通不良而导致的工作不称职占 82％。因此沟通是否有效不仅影响本职工作的顺利完成，也会成为员工走上更高工作岗位的绊脚石。

在同事们相处中，一句话或者一个动作、一个表情都可能导致对方误会自己的意思，从而留下不好的印象，给良好人际关系的营造增添了不少麻烦。自然不和谐的同事关系也会影响工作的效率和企业的正常运行。

企业说到底是人的集合，离开了人才，企业就是个空壳，因此，世界上各大企业才会千方百计地留住人才。而留住人才必须要从根本上做到真正以人为本，当员工能够发出自己的声音，并被纳入到管理层的决策中。他们的主观能动性才能被真正调动起来，才能真正做到以企业为家，真正事事为企业考虑。此外，和谐温馨的企业的氛围也是留住人才的一个重要因素。而这一切都离不开有效的沟通。

英特尔的成功在很大程度上就得益于公司内部沟通体系的建设。在英特尔总部专门设有一个"全球员工沟通部"，正是这个机构大大促进了英特尔沟通体系的完善与团队的发展。

英特尔推崇并采取开放式的双向沟通模式，这里既有自上而下的交流，也有自下而上的反馈。公司的高层管理人员，会经常通过英特尔内部网络，进行网上直播、网上聊天，向全球员工介绍公司最新的业务发展以及某项员工关心的情况，和员工进行互动沟通，回答员工提出的各种问题。

季度业务报告会，也是英特尔公司进行员工沟通的重要方式。这是一种面对面的沟通。在季度业务报告会上，公司不仅向员工通报最新的业务发展情况，还现场对员工提出的问题进行回答。员工通过现场提问，面对面与公司管理层进行交流。在英特尔季度业务报告会之前，为了解决员工所关注的问题，各部门会通过员工问题的方式，预先了解员工的心声。

此外，在英特尔公司，每个季度会定期出版员工简报，让员工了解公司的最新动向，连一线的员工也没有被遗忘。在工厂里，每个星期都会定期出版一期员工快报，把公司以及工厂里最新最重要的信息，第一时间送到员工手中。

英特尔还经常利用一对一的面谈来进行自下而上的沟通。公司与员工经常召开员工会议，由员工来制定会议的议程，决定在会议上探讨的内容，包括员工对自己职业发展的想法，对经理人员的看法和反馈。经理会定期和所有下属进行及时的沟通，听取员工的建议和想法，传达公司的政策和各项业务决策。另外，在英特尔，每年都会进行一年一度的全球员工关系调查，总部会派人到全球各个国家与地区的分公司，对该公司的员工关系与沟通情况进行调查。

英特尔同许多全球500强公司一样，采取门户开放式的沟通。很多时候，有意见的员工并不愿意直接与自己的上司面谈。为了使这些员工的意见能够得以倾诉，英特尔就在人力资源部专门设置一名员工关系顾问。员工可以与这位顾问面谈，顾问会对所了解的信息进行独立调查，考察员工反映的情况是否属实，然后将调查结果通知公司有关部门，包括员工的经理。为避免经理人员对员工进行报复，英特尔还制定了一系列规则，保护员工的权利。

英特尔的目标是构建起一个完整的沟通链，对获得的消息与建议采取后续的行动，给员工满意的回复，解决相关问题，而不仅仅是为沟通而沟通。

从案例中，我们可以看出英特尔公司对沟通的重视。有效沟通是解决问题的良方，最终的生效还离不开解决问题的实际行动。

(二)有效的沟通是构建和谐人际关系不可或缺的因素

人是社会的动物，除了工作之外，社会交往、家庭生活等都是作为社会的人不可或缺的一部分。在这些过程中，人际交往贯穿始终，营造和谐的人际关系也是作为社会的人的一直在追求的目标。人际关系的营造离不开有效的沟通。

有效沟通对建立和谐人际关系的重要性主要体现在以下三个方面。

1. 作为信息的第一载体，语言的力量是无穷的

良言一句三冬暖，恶语伤人六月寒，祸从口出，谨言慎行，言多必失等俗语和成语无不验证了说话内容的重要性。在社交场合，语言是最简便、快捷的传递信息的手段。恰当的言语能使陌生人熟识起来，形成良好的第一印象，也可以化解人与人之间的隔阂，甚至单位之间、社团之间、国家之间的矛盾也可以得到解决。若是语言运用不当，也可能导致交际的失败。比如：

清朝乾隆时期的大学士纪晓岚可谓是巧舌如簧。相传，纪晓岚在翰林院编撰《四库全书》。有一天，纪晓岚和同僚们开玩笑称皇帝为"老头子"，恰好被乾隆皇帝听到。乾隆怒问纪晓岚："'老头子'三字作何解释？若能讲出道理，可免你一死。"纪晓岚不慌不忙回答："全城人都这样称呼您。您想，万寿无疆之谓老，顶天立地之谓头，父天母地之谓子，这就是老百姓称您为'老头子'的缘故。"乾隆皇帝听后开怀大笑，赦免了纪晓岚的死

罪。从此，"老头子"的称呼便流传开来，不仅臣可称君，妻可称夫，幼可称长，且毫无半点儿不敬之意。

试想如果纪晓岚不能合理地解释"老头子"这个看起来大不敬的称谓，在君主至上的封建时代，他的命运又将会如何？又比如：

某贸易公司组织去游乐园玩蹦极，由于此项运动属于激烈运动，对参与者的心肺等功能有一定的要求，该公司的一名主管经理在员工的撺掇下报名参加，就要在健康表上填写一些身体数据，这位经理正在迟疑间，他的一位下属，是一位不太懂世事的女员工忽然冒出一句："经理，你就填写吧，反正又不是写遗书。"这位经理立马就瞪了小姑娘一眼，还狠狠回了一句："你怎么这么不会说话。"

2. 语言的力量不仅体现在说什么，也表现在怎么说上

有研究证明，在人际交往中，相对于说话的内容，人们更关注说话的方式。因此，在人际交往中，要想和别人和谐相处，我们不仅要关注说话的内容还要注意说话的方式。

儒家主张，臣事君以"忠"，与朋友交"言而有信"，曾子说："吾日三省吾身：为人谋而不忠乎？与朋友交而不信乎？传不习乎？"既然对君主和朋友要"主忠信"，那么当君主和朋友有过错时，作为臣子和朋友自然要进行"规劝"。儒家认为，这样的劝谏是必要的，但不能太烦琐，如果次数太多，对方不但不听从你的意见，反而会招致他们的羞辱和疏远。

古往今来因劝谏而受辱，乃至招来杀身之祸的例子比比皆是。商朝末年，面对商纣王的荒淫暴虐和横征暴敛，王叔比干以国家利益为重，不畏强暴，在摘星楼强谏三日不去，纣王大怒，遂杀比干并剖视其心。《三国演义》里的杨修，可谓学识渊博，才华横溢，然而却恃才放旷，口无遮拦，数犯曹操之忌，最终引来杀身之祸。九一八事变后，张学良、杨虎城二位将军，多次劝说蒋介石放弃"剿共"的想法，联合抗日，蒋介石不但不听从二人的建议，反而亲赴西安督战，张、杨迫不得已，发动了震惊中外的"西安事变"，对蒋介石实行"兵谏"，逼蒋抗日。后来，两个人一个被终生软禁，一个被国民党特务杀害。

当然历史上善于劝谏的人物也是不胜枚举。比如《邹忌讽齐王纳谏》中的邹忌，邹忌是齐国的相国，身高八尺，形貌漂亮，于是他觉得自己比徐公还美，他先问妻，又问妾，后问客，都说他比徐公美，等他见了徐公后，才知道自己远不及徐公，原来妻、妾、客都说了假话。邹忌以此事作类比，向齐威王进谏，齐威王听取了他的意见，最终使齐国战胜于朝廷，实现了政治的清明。唐朝的谏官魏征也是劝谏的高手。虽然有时唐太宗对他很烦，但是他的意见大多都被采纳，非但没有招来杀身之祸，而且最终得到唐太宗的赞赏，这主要得益于魏征在进谏时巧妙采用了比喻、类比、对比等方法。

3. 什么时候说也很重要的。入乡随俗、随机应变，把握说话的场合和时机

孔子说："陪君子说话容易有三种失误：还没轮到自己说话却抢先说了，这叫急躁；轮到自己说了却不说，这叫阴隐；不察言观色而说话，这叫瞎子。"这里的君子指长官、前辈等，用朱熹的解释，指"有德位之通称"。孔子所指出的三个毛病，的确也是我们一般人容易犯的，第一个毛病是急躁而爱出风头，没有耐心听人说话，对于一个领导者来说，这一点尤其致命。第二个毛病是阴隐，该说话的时候不说，给人以城府很深、人很阴的感觉，尤其容易失去朋友。第三个毛病是不长眼睛，说话不看人家的反应，只顾自己说得痛快。

把握好说话的时机，重要的不是说过什么话，而是选择了在恰当的时机说了话表了态。适当的说话时机有一个不可缺少的要素——在适当的时间里，利用有限的几个语句，充分地表达自己完整意愿的能力。"一句话说得合宜，就如金苹果放在银网子里"。懂得合宜地说话会使你更受欢迎。

有一次，墨子的一个学生子禽问墨子："老师，您认为多说话有好处吗?"墨子回答说："你看那生活在水边的蛤蟆、青蛙，还有逐臭不已的苍蝇，它们不分白昼黑夜，总是叫个不停，以此来显示自己的存在。可是，它们即使叫得口干舌燥、疲惫不堪，也没有人会注意它们到底在叫什么，人们对这些声音早已是充耳不闻了。现在你再来看看这司晨的雄鸡，它只是在每天黎明到来的时候按时啼叫，然而，雄鸡一唱天下白，天地都要为之振动，人们纷纷开始新一天的劳作。只有准确把握说话的时机和火候，努力把话说到点子上，这样才能引起人们的注意，收到预想的效果!"子禽听了墨子的这番教诲，非常赞同，频频点头称是。

台湾著名成功学家林道安曾说："一个人不会说话，那是因为他不知道对方需要听什么样的话;假如你能像一个侦察兵一样看透对方的心理活动，你就知道说话的力量有多么巨大了!"

生活中，有时需要表达出自己的意见，这时也要选择一个好时机，才能使人愉快地接受。选择良机，恰当表达，则能够带来事半功倍的效果。假如不择时机地提意见，结果只能是适得其反。《触龙说赵太后》中，触龙就很会把握说话的时机，最终说服了太后。

(三)有效的沟通可以使一个人保持身心的健康

1. 有效沟通能保持生理的健康

也许你会感到惊讶，但事实的确如此:有效的沟通让我们的身体更健康。人是一种社会性的动物，马克思曾说过，社会性是人最基本的属性。当我们无法进行有效的沟通时，我们的心理健康和生理健康都会受到影响。

一些研究表明，当人们长期不与人进行人际交流时，他们的身体健康状况会恶化。德国的皇帝弗雷德里克用一个残忍的实验向我们证明了脱离人际接触就无法生存。弗雷德里克找来50个新生儿，让专门的看护人员来照顾。看护人员被告知，只负责婴儿的温饱和洗浴，但不能和婴儿说话或者拥抱。不久之后，50个婴儿全部死亡。这个实验确实很不道德，我们今天是绝对不会采用这样的方式来验证人际沟通对生理健康的重要性。但是一些有关孤儿院和收养中心的研究发现，人类的交流，尤其是身体的接触对婴儿的存活以及发育和成长有重要意义。

有效的社会性接触和交流也可以让成年人保持身体的健康。研究表明，缺乏亲密社会关系以及充足社会联系的人比那些拥有良好社会关系的人更容易患上心脏病、高血压等重大疾病。同时他们也更容易受到感冒等诸如此类的日常疾病的困扰。这也印证了前文安妮·默洛·林德伯格的观点，良好有效的沟通交流可以让我们兴奋，充满活力。

对于一些边缘群体来说，由于生理和心理健康问题的困扰或者社会对其的歧视，他们本就长期倍感屈辱。缺乏有效的人际沟通，会给他们的身体健康带来更多的消极影响。尽管不是每一个人都需要足够的有效沟通来满足自身健康的需要，但是良好的人际交流确实在维持良好的身体素质和健全人格方面有重要影响。

2. 有效沟通能促进对自己的认同

英国著名社会学家安东尼·吉登斯将"自我认同"定义为：个体依据个人的经历所反思性地理解到的自我。通过内在参照系统形成自我反思性，并由此形成自我认同的过程。

根据马斯洛的需求理论，除了比较基本的生存和安全需求外，还有较高层次的社交需求和尊重需求。尊重既包括对成就或自我价值的个人感觉，也包括他人对自己的认可与尊重。无论是个人对成就和自身价值的感觉还是他人的认可和尊重，个人都可以通过社交活动进行感知，因此尊重的需求是通过社交这一过程得到满足的。

外界对自身的认知是不是就等同于个人对自我的评价呢？根据米德的主我和客我理论，"自我"可以分解成主我和客我相互联系、相互作用的两个方面，一方是作为意愿和行为主题的"主我"，另一方是作为他人社会评价和社会期待之代表的"客我"，人的自我是在"主我"和"客我"的互动中形成的。由此看来，个体的自我认同在自我评价和社会评价中形成，并不断修正。

在塑造个人认同的过程中，与别人沟通的方式以及有效与否发挥着极为重要的作用。在与他人的交往活动中，我们不断形成对自我性格、智商、特长等特征的认识，并在不断的沟通中修正自己的看法。

3. 有效沟通可以促进心灵的成长

心灵状态是自我认同的一个方面，包括个人价值观（我珍视忠诚，我看重一个人的生命）、道德观（无论什么情况下，杀人都是不对的）和是非观（为了拯救别人的生命，我可以撒谎）的形成和不断修正。此外，它还包含了人们关于人生意义的一种信念。这种信念通常表现为一种哲学，一种对自然的敬畏，对一种价值的追求或者一种宗教信仰。

一项调查研究显示，大多数美国大学生认为，一些心灵状态已成为自我认同的重要组成部分。在此次调查的 112000 名大学生中，有 75％ 的受访者表示他们会去探究生活的目的和意义，并尝试和朋友讨论此类问题。对于他们来说，人际交往为他们提供了一种向他人表达和分享自己心灵观点的重要途径，对于心灵的成长来说，无疑是大有裨益的。

同时，这些心灵状态的形成也是在与他人的不断沟通中形成的。基督教在中国的传播除了有西方资本主义国家的大力支持，也离不开传教士们的辛勤努力。基督教在中国的首批信徒基本是目不识丁的中老年妇女，她们大多是通过与周围朋友、亲人等沟通交流，形成对基督教的基本认识。再比如，马克思主义在中国的传播过程也是一个人世界观、价值观形成的过程。从马克思主义传入中国到今天成为社会的一种普遍信仰，学校教育在其中发挥了不可或缺的作用。

四、任务解决

任务中的小罗没有认识到什么是有效的沟通，只是简单地进行单向的沟通行为，没有顾及到双向沟通的重要性，更没有据此调整自己的沟通行为，从而使此次沟通归于无效。

小罗应该这样做：首先，观察客人对自己说的话的反应。其次，根据客人的回应情况决定自己接下来该如何应答。最后，向客人解释，消除误会。

必备知识

17个沟通定律

定律	提出者	阐释
费斯诺定理	英国联合航空公司总裁 L. 费斯诺	人有两只耳朵却只有一张嘴巴，这意味着人应该多听少讲
威尔德定理	英国管理学家 L. 威尔德	人际沟通始于聆听，终于回答
管理沟通论	通用电器公司总裁杰克·韦尔奇	管理就是沟通、沟通、再沟通
夏皮罗法则	杜邦公司前执行总裁夏皮罗	如果把最高主管的责任列一张清单，没有一项对企业的作用比得上适当的沟通
沃尔顿法则	沃尔玛公司总裁萨姆·沃尔顿	沟通是管理的浓缩
威尔德论断	英国管理学家 L. 威尔德	管理者的最基本能力：有效沟通
沟通无限论	日本松下电器创始人松下幸之助	企业管理过去是沟通，现在是沟通，未来还是沟通
位差效应	美国加利福尼亚州立大学	来自领导层的信息只有 20％～25％ 被下级知道并正确理解，从下到上反馈的信息不超过 10％，平行交流的效率则可达到 90％ 以上
斯坦纳定理	美国心理学家 S. T. 斯坦纳	在哪里说得愈少，在那里听到的就愈多
白德巴定理	印度古代哲学家白德巴	能管住自己的舌头是最好的美德
古德曼定理	美国加州大学心理学教授古德曼	没有沉默就没有沟通
乔治定理	美国管理学家小克劳德·乔治	有效进行适当的意见交流对一个组织的氛围和生产能力会产生有益和积极的影响
牢骚效应	美国密歇根大学社会研究院	凡是公司中有对工作发牢骚的人，那家公司或老板一定比没有这种人或有这种人而把牢骚埋在肚子里公司要成功得多
波特定理	英国行为科学家 L. W. 波特	当遭受许多批评时，下级往往只记住开头的一些，其余就不听了，因为他们忙于思索论据来反驳开头的批评
欧弗斯托原则	英国心理学家 E. S. 欧弗斯托	说服一个人的时候，开头就让他不反对，是实在要紧不过的事
古德定律	美国心理学家 P. F. 古德	成功的沟通，靠的是准确地把握别人的观点

拓展训练

小王是一个公司销售部的经理，最近销售部的业绩不好，很多员工都出现了懈怠的情绪。而上司却在这个时候增加了销售的最低限额，大部分员工都不能完成。

请问：

1. 小王该怎么鼓舞士气？

2. 小王应该要求上司降低销售额吗？应该如何和上司沟通？

推荐阅读

《有效的公共关系》，作者：特立普、森特

任务二

认识和掌握有效沟通的重要因素

学习目标

> **知识目标**：认识和掌握影响沟通行为的四个重要因素，并准确理解它们起作用的方式。
>
> **能力目标**：在实际的沟通行为中能够注意到性别、文化、环境和心理这四个因素，并能根据实际情况及时调整交流策略。

工作任务描述

> 　　在旧金山的一所法律学院毕业之后，阿云来到芝加哥的一家公司工作。与其他同事不同的是，她从小在韩国长大，所以在一些社交礼仪上还保留着韩国的风俗。例如，在第一个月里，阿云的许多同事都发现，她总会向自己的职业顾问朴明植鞠躬。朴明植同样来自韩国，由于他是一位男性，因此很多同事都认为阿云的鞠躬是一种男权至上的标志，所以他们经常为阿云打抱不平，认为她是因为受迫而向她的职业顾问鞠躬。一位女性同事甚至和阿云说："我永远不会向男人鞠躬！"
>
> **问题及思考：**
>
> 1. 阿云应该如何和同事们解释？
> 2. 面对不同文化背景的人，该如何和对方进行有效的沟通？

工作任务分解与实施

一、认识有效沟通中的文化因素

　　印度独立运动的领袖圣雄甘地说，民族文化深深根植于人们的心灵。确实，文化在人们身上留下了永久的烙印，它影响着人们的行为方式、思维方式。文化传统对沟通行为的影响是潜移默化的，因此我们很少能察觉到。只有当我们遭遇文化的差异或冲突时，才能察觉到其他文化的存在。

　　1962年，美国总统肯尼迪访问墨西哥，在一次演说中他向墨西哥国民示好，说道："我们彼此是朋友，是同盟国，也是伙伴。"结果墨西哥人反应平平，并不怎么热烈，演说并没有取得肯尼迪预期的效果，令他十分失望。

后来有学者进行研究，让墨西哥人在空白处填写，最后发现他们大多填上"兄弟"，"姐妹"甚至"表兄弟姐妹"。原来，对美国人而言，"朋友"已经是颇为亲密的关系；但对墨西哥人而言，比喻同样亲密度关系，他们却习惯于套用"兄弟姐妹"这类叫法。

由此我们得知，即使你了解对方的语言和文字，也要谨记，这并不代表你就可以百分之百地传情达意，因为你可能仍未掌握这些词句的文化内涵，而只是单纯从字面意思以己方的文化背景来做诠释。肯尼迪的教训，就是在于没有注意到文化方面的差异。

(一)什么是文化

文化，是我们经常谈到的话语，它包括哪些内容？人们通常认为，文化包括的内容很广泛。有时候，我们会把文化和地域联系起来，比如中国的闽南文化。有时，我们会把它与种族联系起来，比如客家文化。还有些时候我们会把它和一些特定的人群联系起来，如青少年文化、富人文化。那么，文化到底该如何界定呢？

文化有很多种定义，比如过程说、智力成果说等。对我们而言，文化是一类群体区别另一类群体所拥有的经验、共同符号、语言、价值观念以及风俗习惯的总和。由此可见，文化不是某一个国家、种族或者阶层所特有的事物，是一群人共同拥有的东西。

研究者通常用内群体和外群体的概念来讨论和文化相关的问题，内群体指的是与我们文化相同的人群，外群体则相反。当一些人身处一个外群体中时，遭遇到文化冲突，这会使他们感受到极大的压力，有可能会给其身体健康和心理健康带来极大的影响。这就是为什么许多新移民在适应环境的第一年中，会诱发高血压、抑郁症和心脏病等一些重大疾病。

文化是如何获得的呢？是否我们就天生掌握了一种文化呢？文化是由遗传基因决定的吗？事实上，文化并非遗传所得，而是后天习得的，是由个体成长的环境所决定的，包括了它的符号系统、语言、价值观及风俗习惯等。研究者称这个过程为文化适应。

比如，一个在美国长大的中国人，无论是语言，还是思维方式、行为习惯都可能和美国人表现得完全一样。他的国籍是中国的，他的文化却是美国的。

(二)文化的构成

当我们仔细审视每个地区的文化时，就会发现，在一个国家的不同地区文化中的一些组成部分也是千差万别的，比如宗教信仰、风俗习惯等。比如，美国德克萨斯州的本地人和纽约人在风俗习惯以及价值观念上会有显著的不同。

不管他们之间有何千差万别，文化总是有一些共同的特点。我们发现，文化之间有一些相似的组成部分，包括了符号系统、语言、价值观以及风俗习惯。

1. 符号系统

符号是信息的外在形式或物质载体，是信息表达和传播过程中不可缺少的一种基本要素。符号学创始人索绪尔将符号分为能指和所指两个部分。我们通常所说的符号是两者的结合。由此可以得出，符号是一种代表观点的东西。

在文化中随处可见符号的痕迹，每一种文化都拥有其独特的符号系统。想必大家还对戛纳电影节上中国风的东北大花棉袄记忆犹新，此外，在戛纳电影节中，女明星身上的青花瓷、祥云、飞龙图案的服装也被视为是中国元素。

每一个社会都拥有一些蕴含着特殊意义的文化符号。例如中国江浙一带的园林景观就是江南婉约风情的象征，可口可乐、好莱坞、麦当劳等是美国文化的象征。

2.语言

研究表明，全世界现存的语言共有 6800 多种。语言诞生以后，人类可以进行文字记载和语言沟通，同时文字也可以用来传承文化以及相关的事物。今天汉语、英语以及西班牙语依次是世界上使用最为广泛的前三种语言，我们也经常用语言来区分不同的文化。语言学家萨丕尔认为，一个社会的语言模式在相当程度上决定了思维模式。沃尔夫进一步发展了他的思想，形成了萨丕尔—沃尔夫假说。他们认为持不同语言的人对世界的认识也不同，语言结构不同，会直接影响人们对世界的看法。由此我们可以得出，语言不同，群体文化也会有很大的差异。

3.价值观

对于文化而言，价值观指的是此种文化对事物好坏、有无价值及价值大小的判断。社会学的研究认为，民主自由、平等权利、物质追求、实用主义、效率、成就以及个体独立是美国的价值观。对于处于转型中的中国来说，国人的价值观也在经历着一元向多元的转化。不过，以人为本、社会和谐、仁善仍然在价值观中占据主流地位。当你身处不同文化之中时，可能会感受到不同文化的价值观有着显著的差异。

4.风俗习惯

指个人或集体的传统风尚、礼节、习性，是特定社会文化区域内历代人们共同遵守的行为模式或规范。主要包括民族风俗、节日习俗、传统礼仪等。风俗作为历史的沉淀物，对社会成员的行为有强烈的约束作用。在中国的 56 个民族中，每个民族都有自己独特的风俗习惯，比如藏民最忌讳别人用手抚摸佛像、经书、佛珠和护身符等圣物，认为是触犯禁规，对人畜不利。因此，当我们和不同文化的人交往时应该尊重对方的风俗习惯，使沟通能够顺利、有效。

(三)文化与亚文化

在一个大的社会中，我们身上都有这个社会文化的烙印。但是与此同时，社会中的某些小群体也有其自身独特的语言和行为方式。你可能也会发现，自己和自己的父辈有着不同的价值观念和行为方式，如上文所述，在不同民族，他们的宗教信仰、风俗习惯以及语言等都可能会有不同之处。那么这些小群体身上也算是拥有自己的文化吗？毋庸置疑，答案是肯定的。

1.亚文化

在许多"大"文化中，又有"小"文化。这些"小"文化被研究者称为亚文化。亚文化是指与主文化相对应的那些非主流的、局部的文化现象，指在主文化或综合文化的背景下，属于某一区域或某个集体所特有的观念和生活方式。一种亚文化不仅包含着与主文化相通的价值与观念，也有属于自己的独特的价值与观念，比如青年亚文化、盲人亚文化等。

文化背景不同的人在沟通方式上会有很大的不同，这主要是受到思维方式的影响。这种文化上的差异给我们的跨文化沟通带来了不小的挑战。

不同亚文化群体之间也会产生沟通的障碍。比如青少年和他们的父辈在思想观念上有许多不同，这导致他们之间的沟通交流会有一定的困难。再比如，某一行业的专业人士，如医生，和非专业人士进行交流时，如果不注意一些专业术语的通俗化解释，双方的沟通就可能归于无效。

更为关键的是，不同文化或者亚文化背景的人往往会忽略彼此之间的差异，致使双方的交流出现障碍，甚至造成误解。比如，一位中国白领可能认为那些对上司鞠90度躬的日本同事是在巴结领导。但是在日本文化里，鞠躬恰恰意味着尊敬。如果中国白领和日本同事之间能对彼此的文化有所了解，那么他们就会发现这个误会是怎么产生的。

因此，我们要想和不同文化背景下的人进行有效的沟通，就必须对别人的文化有所了解，要真正做到求同存异。事实上，做起来往往比较难。

(四)文化因素是如何影响沟通行为的

美国小说家詹姆斯·琼斯曾说，肤色、性别、种族都会带来差异，它们引起的问题往往比其所能解决的问题要多得多。确实，正如詹姆斯所说，在人际交往，文化差异经常会带来一系列问题。那么人类的沟通行为都受到哪些文化差异的影响呢？它们又是如何影响有效沟通的呢？根据研究文化以及文化差异给人类行为带来的影响的先驱，荷兰心理学家吉尔特·霍夫斯泰德和美国人类学家爱德华·霍尔的研究，我们将从以下四个方面来进行分析。

1. 个人主义和集体主义

个人主义可以追溯到整个欧洲文化的基础——古希腊文化和古罗马文化。以亚里士多德为代表的古希腊哲学认为，人是理性的个体。文艺复兴运动主张人的自由而全面的发展，注重人的才智的全面发挥以及自我尊严、意识的培养。对于西方个人主义价值理念的形成起着极大的推动作用。此外，西方的基督教主张应该保护每个人追求个人幸福和成就的权利；人是至高无上的，人的力量是强大的，能够凭借个人才智战胜自然；人首先应该爱自己，然后才会去爱别人。在这种宗教教义的影响下，个人主义的价值观念逐渐深入人心。

个人主义是一种道德的、政治的、社会的哲学，它认为个人利益应是决定行为的最主要因素，强调个人的自由和个人的重要性，以及"自我独立的美德"、"个人独立"。在个人主义盛行的社会中，会特别强调个人的独立和自由，认为个人利益高于集体利益。在这种文化背景下成长的小孩，通常会被教导"做好自己"，"你是独一无二的"，这些信息强调了个人的自我认同、自我满足。有研究表明，美国、加拿大、英国及澳大利亚就是典型的个人至上的国家。

集体主义的概念是斯大林在1934年7月，同英国作家威尔斯的谈话中明确提出来的。他说："集体主义、社会主义并不否认个人利益，而是把个人利益和集体利益有机结合起来……"在集体主义的文化中，集体利益总是被放在首要的位置，社会中较多强调集体荣誉、集体的团结。当个人利益和集体利益发生冲突时，个人利益要让位于集体利益。崇尚集体主义文化的国家有韩国、日本以及大部分的非洲国家和拉丁美洲国家。

个人主义和集体主义是如何影响我们的沟通行为的呢？我们先来看一个案例：

来自中国的马丹和美国的迈克尔，在美国一所学校读书。在交学期论文的前一周，马丹的电脑在这个关键的时刻坏了。为了能及时交上学期论文，马丹决定借迈克尔的电脑一天，来完成自己的论文。为了让迈克尔爽快地答应，马丹特意请他去了一家对学生而言比较昂贵的披萨店，在午饭要结束的时候，马丹对他说："迈克尔，最近我的电脑坏了。但是我这周必须要交学期论文了。我想知道这个周末我是否可以借你的电脑。我们是朋友，不是吗？"令她惊奇的是，迈克尔回答说："是的，我们是朋友，丹。但恐怕我最近每天都有很多东西要打印出来，没有一天能放松。我希望我可以在其他方面帮助你。"马丹很是困惑，心想："我们真的是朋友吗？"

案例分析：马丹来自集体主义和等级文化明显的国家，此类社会强调与内群体成员的关系。迈克尔来自个人主义文化明显的国家，此类社会强调个体的独立与平等。

在集体主义和等级文化明显的国家，大家公认的是，朋友之间应该相互帮助，患难见真情。在马丹看来，她急需一台电脑，迈克尔应该在电脑这件事情上给予她帮助，因为他们是好朋友。为了确保能从迈克尔那里借到电脑，她特意请他吃了饭，以便自己能有机会开口请求对方的帮助。

迈克尔成长的文化重视个人主义，个人利益始终是第一位的。由于个人电脑是一个人的私有财产，他真的很需要它，他认为应该首先满足自己的需要，再考虑别人的需求。这就解释了为什么迈克尔选择拒绝马丹的提议，这也伤害了马丹的感觉。

解决方案：如果马丹想按时交上学期论文，建议直接向其他同学寻求帮助，或者去图书馆。如果有同学向她提供了帮助，她可以选择事后请对方吃饭或者送个小礼物。

通过上边的案例我们可以看出，在与不同文化的人进行沟通时，要注意双方的文化差异，减少因为这个差异产生的误会。

2. 高语境文化和低语境文化

美国文化人类学家爱德华·T.霍尔认为，人类交际（包括语言交际）都要受到语境的影响。他在1976年出版的《超越文化》一书中，颇有见地地提出文化具有语境性，并将语境分为高语境与低语境。

霍尔认为："任何事物均可被赋予高、中、低语境的特征。高语境事物具有预先编排信息的特色，编排的信息处于接收者手里及背景中，仅有微小部分存于传递的讯息中。低语境事物恰好相反，大部分信息必须处在传递的讯息中，以便补充语境中丢失的部分（内在语境及外在语境）。"也就是说："高语境传播是绝大部分信息或存于物质语境中或内化在个人身上，而极少数则处在清晰、被传递的编码讯息中。低语境传播正好相反，即将大量的信息置于清晰的编码中。"

由此我们可以看出，高语境文化中语义的承载主要不是语言性的，而是非语言和语境性的。传达信息时并不完全依赖语言本身，因为人们对语言的局限性有充分的认识。语义主要从存储的非语言及语境中衍生出来，信息不是包含于语言传输中。然而在低语境文化中，语言的作用较为突出，因为信息主要是通过语言来传递的，语言在人们的交际中始终处于中心地位。高语境中的信息解码更多地依赖交际者双方共享的文化规约和交际时的情景，而低语境中的信息解码则主要在言语中，交际信息对语境的依赖性小。

霍尔通过研究得出结论："有着伟大而复杂文化的中国就处在天平的高语境一方"，而"美国文化只是偏向天平较低的一方"。

根据霍尔对高低语境的划分，我们可以看出，成长在不同语境文化中的人之间的交往会受到成长环境的制约。高语境文化中长大的人习惯于含蓄委婉的表达方式，许多信息是根据双方交流的语境进行传达的，保持社会的和谐，防止与他人的冲突更为重要。低语境文化中长大的人喜欢直截了当地表达自己的观点，更看重自我的表达和说服对方的能力。

从上司批评下属的方式，我们可以一窥高低语境对有效沟通的影响。在高语境文化中，领导者为了顾及下属的面子，很少当着众人的面训斥他。一般会选择私下提出批评，而且会选择比较委婉的词语。他会采取一些较为隐晦的方式，引导下属发现自己的错误。例如，对于一个不修边幅的员工，上司就可以多在他面前夸那些衣着得体的员工，并强调这对公司形象的重要性。在低语境文化中，上司可能会公开严厉地斥责犯错误的下属，而且会直截了当地告诉他改正的地方。

小宋想邀请两位朋友明天晚上一起去一家非常受欢迎的咖啡馆喝咖啡。蒂娜说："不了，我明天晚上要学习汉语，但是还是感谢你的邀请。以后，我们再一起去吧。"于是，小宋就向自己的另一位朋友小李发出了邀请。在听小宋介绍完这家咖啡馆后，小李说："很不错啊，以后可以一起去。"一周之后，蒂娜邀请了小宋去那家咖啡馆。小李却一直没有提出要和小宋一起去咖啡馆。

我们该如何解释这种行为上的差异呢？在高语境文化中成长起来的人，他们很难学会拒绝别人，如果要拒绝也会选择比较委婉隐晦的方式，让对方知道自己对他的提议不感兴趣。但是在低语境文化中成长起来的人，一般会根据自己的兴趣爱好，直接答应或者拒绝对方的提议。

3. 权力距离

权力距离是荷兰学者吉尔特·霍夫斯泰德提出的四个论述国家文化维度中的一个，在《文化与组织：心灵的软件的力量》一书中，霍夫斯泰德把"权力距离"定义为："在一个国家的机构和组织中，弱势成员对于权力分配不平等的期待和接纳程度。"

一般而言，东方文化影响下的权力距离指数较高，人们对不平等现象通常的反应是漠然视之或忍受。而西方文化影响下产生的权力距离指数较低，"权利意识"深入人心，使得他们对权力分配的不平等现象具有强烈的反抗精神。

高权力距离文化的社会，认为权力是超越善恶的基本事实，与合法性无关。在这样的社会中，人们会被告知，有些阶层生来就比别人拥有更多的特权和优势。尊重权力比尊重平等更重要。比如，印度的种姓制度，又称瓦尔纳制度，是古代世界最典型、最森严的等级制度。第一等级婆罗门、第二等级刹帝利、第三等级吠舍、第四等级首陀罗，不同等级的人之间不会相互通婚，不会居住在相近的社区。尽管印度独立运动之后，已经废除了种姓制度，但是种姓制度对今天的印度特别是对印度农村仍然有着很大的影响。

低权力距离文化的社会，认为人们生而平等，没有任何人和群体能拥有特权，除非是人们赋予他的。美国、加拿大、新西兰等都属于这样一种文化。生活在这种文化背景下的人们从小就被教育人人都是一个独立而平等的个体，尽管一些人因为财富和名誉而拥有一定的出身优势，但是并不代表他应该比别人更高贵。不过这也不代表生活在这样社会中的每一个人一定会受到平等的待遇，这样的平等可能只是观念上的平等。

权力距离对我们沟通的影响是多方面的。比如，在企业里，当老板犯了错误时，高权力距离文化中成长起来的员工会选择视而不见，至少不会当面提醒老板，甚至还会怀疑自己的判断。而一个成长在低权力距离文化中的员工可能会选择当面指出老板的错误。此外，权力距离也会影响员工和上司的沟通方式。低权力距离的社会里的员工更注重自由，希望有更多自主决策的机会。但是在高权力距离的社会中的员工往往习惯于按照上司的命令做事，安于现状，很少提出意见。这也提醒我们，在和不同权力距离中的人进行交往时，要想使沟通有效，就要充分考虑权力距离对对方思维方式、行为方式的影响，减少由此带来的沟通障碍。比如，上司要想了解员工的意见，对于低权力距离社会里的员工就可以采取面谈或者员工满意度调查表的方式。对于高权力距离社会里的员工就要采取认真观察、私下收集或者直接采取行政命令的方式来达成目标。

4. 沟通编码

霍尔曾提出了一个重要的信息传播的模式：编码—解码模式。在这个模式中，影响信息传递的一个重要的因素就是沟通编码的使用。沟通编码包括成语、隐语以及肢体动作三个要素。不同的文化之间的沟通编码不同，使得跨文化的沟通变得非常困难。

（1）成语：成语是语言中经过长期使用、锤炼而形成的固定短语，它比词的内涵更丰富，富有深刻的思想内涵，并常常附带有感情色彩。这些思想内涵和感情色彩常常是约定俗称的，有时候不能按照字面的意思来理解。不同的文化都有着与其他文化显著不同的成语。如，在中国，"不赞一词"，原指文章写得很好，别人不能再添一句话，后也指一言不发。在美国，如果说一个人"in the doghouse"的话，就是表示一个人到了十分危险、山穷水尽的地步，大抵相当于中国的成语"四面楚歌"。当我们和不同文化的人进行交流时，如果不能掌握对方文化中的一些常用的成语，沟通有可能陷于无效。

（2）隐语：在一些亚文化群体中广为流传的一些约定俗成的沟通短语，即隐语。更为通俗易懂的说法即行话，它们只能被同属于那个亚文化的人所理解。比如，医生就经常说一些专业的术语，他们在治疗的过程中喜欢使用这样的行话来显示自己的专业性。在很多情况下，只有那些和医生同属一个团体的人才能理解。比如，大多数医生手写的处方笺，一般人都是看不懂的，只有护士或者药房的人才能明了。

不懂行话会让你感觉自己像个外行人，同时也会给双方的沟通带来一定的障碍，很难融入到对方的群体中。下面我们来看一个案例：

《智取威虎山》经典台词：

土匪：蘑菇，你哪路？什么价？（什么人？到哪里去？）

杨子荣：哈！想啥来啥，想吃奶来了妈妈，想娘家的人，孩子他舅舅来了。（找同行）

杨子荣：拜见三爷！

土匪：天王盖地虎！（你好大的胆！敢来气你的祖宗？）

杨子荣：宝塔镇河妖！（要是那样，叫我从山上摔死，掉河里淹死。）

土匪：野鸡闷头钻，哪能上天王山！（你不是正牌的）

杨子荣：地上有的是米，喂呀，有根底！（老子是正牌的，老牌的）

土匪：拜见过阿妈啦？（你从小拜谁为师？）

杨子荣：他房上没瓦，非否非，否非否！（不到正堂不能说。）

土匪：嘛哈嘛哈？（以前独干吗？）

杨子荣：正晌午说话，谁还没有家？（许大马棒山上。）

土匪：好叭哒！（内行，是把老手）

杨子荣：天下大耷拉！（不吹牛，闯过大队头。）

座山雕：脸红什么？

杨子荣：精神焕发！

座山雕：怎么又黄了？

杨子荣：防冷，涂的蜡！

座山雕：晒哒晒哒。（谁指点你来的？）

杨子荣：一座玲珑塔，面向青寨背靠沙！（是个道人。）

从上述案例中，我们可以看出，如果不懂土匪的隐语，英雄杨子荣也许根本无法靠近座山雕的老巢，更别谈取得对方的信任，直到最终端掉威虎山的土匪。在和平年代，从事情报、卧底等工作的人员需要懂得潜伏群体的隐语，既是为了能和对方有效沟通，也是为了能取得对方的信任，完成自己的工作。

(3)肢体动作：肢体动作包括手和手臂的大多数动作，在不同的文化中这些肢体动作的意思也是有着很大差别的。

手势是肢体动作中最常见的，也是最为丰富生动的肢体语言，同一个手势在不同的文化中具有不同的行为代码和含义。如中国人竖起拇指表示赞扬，伸出小指表示"差、坏"；美国人将拇指朝上表示要求搭便车，将拇指朝下则表示"坏"；日本人伸出小指表示"情人"。又如，在太阳穴处用食指划圈这一动作，中国人认为这是在动脑子，英美人则以此表示某人简直疯了或者太奇怪了。在美国，男人之间的握手是很用力的。俄罗斯人认为两人隔着一道门或跨着门槛握手是不吉利的。在阿拉伯国家，伸左手与人相握，是无礼的表现。而中国人的握手则没有什么忌讳。

因此，我们在与别人沟通时，要注意肢体动作的谨慎使用，避免由此造成的误解，造成沟通的效果不佳。

二、认识有效沟通中的性别因素

德国诗人赖纳·马里亚·里尔克说，世界的重生需要这样实现：所有的男人和女人都从误解中解放出来，不再相互对抗，不再斗争，而是像兄弟姐妹、朋友邻里一样，走到一起，共同构建人类的和谐环境。美国的作家约翰·格雷也写过一本《男人来自火星，女人来自金星》来阐释男女的认知差异。由此，我们可以看出性别确实对我们的沟通产生了很大的影响。性别是区分人们的重要特征，对我们的思维方式、沟通方式都有显著的影响。

(一)性别的分类

性别不是简单地分为男女，还包括很多东西。性别包括了心理性别角色、生理性别和性取向。

1. 心理性别角色

即社会上对男性和女性的行为的期望。比如在中国社会中，男性传统上被视为家庭的主要劳动力和收入来源，女性通常被视为相夫教子、操持家中事务的主要人选。男性对政治、机械等更感兴趣，女性对美容、烹调更感兴趣。当然这些都是传统的性别角色的社会期待，事实上并非都是如此。

2. 生理性别

我们知道生理性别分为男性和女性，但实际上很多人不能严格地归为其中的任何一个性别。主要分为三类：第一类是因为心理因素导致他们不能认同自己现在的性别，可能会通过变性的方式走向另一个性别群体。第二类是由于遗传因素出现的染色体不正常的。第三类是由于生理结构的因素造成的生理性别的混乱，医学上称为"阴阳人"。

3. 性取向

性取向是一个人的性渴望、幻想和感觉的对象，主要分为异性恋、同性恋和双性恋以及无性恋。

这些因素都会对我们的沟通行为产生影响。但是因为目前的研究中，只是简单地把性别分为男性和女性，因此我们只能了解生理性别对有效沟通的影响。

研究者发现，性别不仅影响人们说话的内容和方式，还影响人们的一些非语言沟通的行为。

（二）性别对言语沟通的影响

性别对说话内容和方式的影响比较常见，下面我们就通过一些案例的分析来说明性别对沟通行为的影响。

案例一：蒂娜、麦克和凯瑟琳是朋友，蒂娜的工作出了点问题，当蒂娜向麦克和凯瑟琳抱怨时，他们的对话是这样的：

蒂娜：老板责怪我跟丢了我们最大的一个客户，但这全部都是老板的原因。正因为他从来不回复客户的电话，并且在送货延误的时候也不让我帮忙。事情搞砸了，都是他的错啊！

麦克：你应该和你之前的客户说清楚具体的情况，把你那份延误的订单文件拿给他们看，他们就会知道你尽力了，不会再去追究你的责任了。

凯瑟琳：这太不公平了，他不应该责怪你的，因为是他有错在先，你心里一定很难过吧。跟着这样的老板确实让人很不好受，我能理解你的心情。

从麦克和凯瑟琳的回答中，我们可以看出，性别对说话内容的影响。麦克作为一名男性，他的关注点在于，既然蒂娜向自己倾诉了，肯定是希望自己帮她找到解决的办法，因此他的回答偏重于实用性。而凯瑟琳作为一名女性，她表示了对蒂娜处境的同情和关切，而没有给出具体的解决问题的方法。

根据沟通行为学家朱莉亚·伍德的看法，男性和女性在沟通交流方面的差异主要表现在男性偏重实用性交谈，女性偏重表意性交谈。对于女性来说，倾诉的目的在于情感的宣泄。男性则是寻求解决问题的方法和途径。

案例二：艾米丽和斯蒂芬是一家广告公司的同事，关于一个广告创意，他们进行了如下的对话：

艾米丽：我不认为这是一个好主意，但是我还是认为应该为新的广告词保密，直到最终将它推出市场，好吗？

斯蒂芬：看看客户那边怎么说我们再做决定吧，这个广告词看起来真的不怎么样。我们应该多招一些业务代表，给我们带来一些更加新颖的想法。

在这个对话中，艾米丽使用了较为委婉的语气来开启话题，最后采用商量的语气，请求别人的赞同。而斯蒂芬恰好相反，他采用了更为直接的话语来回答艾米丽，同时他还直接说出自己的看法，以及解决问题的办法。从这里我们可以得知，女性倾向于谨慎、委婉的说话方式，话语中几乎没有太多充满攻击性的言语。男性更倾向于表达自己的观点，喜欢掌控事情的发展进程，给出更多的指令。

在对一项研究的综述中，沟通行为学家帕姆·卡尔布弗莱德和安妮塔·赫罗尔德发现，总的来说，男性比女性更倾向于权力型的说话方式。代表权力的说话方式包括了更多地发号施令、更多地提出个人意见以及更频繁地打断别人等。上述案例也证明了他们的发现。但是请注意，这些结论并非适用于所有的男人和女人，只是代表了男女平均水平上的差异。

案例三：卡门和丈夫迪亚哥买了一栋新房子，在向朋友介绍时，他们是这样说的：

卡门：我们都很喜欢我们的新房子，我们有一个很大的后花园供邻居的小孩子过来玩，我准备在后花园种上很多的花花草草和一些果树，这样到了收获的季节就可以拿来和朋友们分享。我们还有一个相当不错的厨房，整个套间十分宽敞，阳光一整天都可以照进来。早晨第一缕阳光将会把我们唤醒，沐浴在柔和的阳光下看书也很不错。

迪亚哥：这个房子很好。它有2000平方米，再加上一个可以容纳3辆车的车库，整个占地面积大约有6000平方米。我在住房抵押贷款上也得到了不错的优惠，30年5.1%的利率。

这个案例中，妻子卡门使用的是第三人称"我们"，而且用了很多预期副词，如"很"、"相当"、"十分"，以及更多的感性的想象。而丈夫迪亚哥更多地使用了第一人称"我"，还用了比较多的数字来具体描述房子的情况。而且卡门的语句较长，迪亚哥的语句较短。

有研究发现，男性更倾向于使用自我的观点，更喜欢用数量来描绘事物。而女性则更多地采用第二或者第三人称代词来表达情感，更喜欢用语气词、副词，使用的句子也较长。

因此，我们的沟通要想取得理想的效果，必须根据交流对象的性别，适当选取不同的谈话内容和方式，并据此来正确理解对方的真实意图和目的，尽量减少性别给沟通带来的障碍。

(三)性别对非语言沟通行为的影响

非语言沟通行为主要包括身体接触、肢体动作、亲密行为以及面部表情等，为了更好地了解性别对非语言沟通的影响，下面我们重点讨论以下三个方面。

1. 身体接触

身体接触是一种重要的非语言沟通行为，不仅传递了温暖和情感，更体现了人们对权力的支配关系。研究发现，身体接触方式在性别上的差异主要受到年龄的影响。

当接触行为发生在成年人之间时：除了握手等社交礼仪外，男性很少主动去触碰女性的身体；同性之间的身体接触多于异性之间；女性之间的身体接触多于男性之间的身体接触，但是在亲密关系中，这样的差异并不明显。

当其中一个是未成年人时，情况发生了如下改变：同性之间的身体接触多于异性之间；男孩和女孩对身体接触的接受程度是一样的。

2. 肢体行为

性别对肢体活动也有一定的影响。一般而言，和女性相比，男性渴望拥有更多的肢体活动空间，并会为此排除一切的干扰和束缚。

3. 亲密行为

亲密行为通常发生在比较亲近的关系中，比如恋人、夫妻、闺蜜、哥们和父母子女之间，是一种表达欣赏和爱意的行为。根据日常的生活观察，我们可能会得出，和男性相比，女性在交往中更喜欢使用一些非语言的亲密行为，比如，拥抱、亲吻和握手等。

上述发现提醒我们，当我们借助上述非语言行为进行沟通时，一定要根据沟通双方的性别、年龄等因素，否则有可能会引发对方的反感甚至误解。

三、掌握有效沟通中的环境因素

环境分为自然环境和人文环境，自然环境是环绕在人们周围的各种自然因素的总和；人文环境指的是由于随着人类活动不断演变的社会大环境，是人为因素造成的、社会性的，而非自然形成的，简而言之就是人们周围的社会环境。

自然环境对沟通的影响不大，主要可以作为一个适当的话题切入点，引起对方的注意，从而顺利进入谈话的主题。

人文环境作为人类活动的产物，无时无刻不在影响着人类之间的交往。不同的沟通活动，应该选择不同的沟通场所。比如严肃的商务谈判等一些浅层次、正式的沟通应该选择在窗明几净、灯光明亮等一些优雅正式的场所。而亲密朋友之间的聚会等一些深层次的、不受拘束的非正式沟通则应该选择一些符合大家兴趣的饭店、风景较好的户外场所，如公园等。而情侣之间的约会也可以选择一些灯光昏暗的场所。

因此我们要选择合适的环境来与人进行交流，比如在半夜闯入老板的家中讨论薪酬问题就是不恰当的，又比如在公司的圣诞晚会上与公司的同事分享生活中的有趣的事情就是非常适宜的。

四、认识有效沟通中的心理因素

在和别人交往过程中，我们首先会思考说话的内容、方式、场合、时机等，在这个过程中，一些心理因素可能会影响我们对以上内容的决定。

1. 求同存异

求同存异是指交往双方希望通过交流，使双方在看法、态度上达到基本的一致或协调，至于其他的一些细节则可以忽略不计。这种沟通动机起源于认知不协调带来的心理压力，人是社会性的动物，趋同是人类的认识社会化的一种表达。

2. 求异存同

求异存同是指沟通双方存在彼此的差异，并为不能达成共识的看法和愿望寻求存在的理由和空间。当沟通双方的看法不同时，依然能够真诚地理解和接纳对方，这其实也是一种达成"共识"。这种沟通是一种不相容的混合式的沟通，它是把"异"的想法置于对方的认知结构之中，同意接收也是一种态度互识，不要求对方同化成其认知图式的一部分。

3. 选择性心理

在选择自我发送的信息和接受对方信息时，我们通常会选择那些和自己已有信息和观点一致的信息，会根据自己已有的经验和认知图式对信息进行解读，这也就是传播学中的选择性假说。

此外，在接受和理解对方信息时，信息源的权威性、可信度和可靠度也会影响沟通的效果。当信息源是某个领域的专家、学者或者社会知名人物时，人们更容易接受其所传递的信息。当我们对信息源比较信任时，比如信息源表现的和信息毫无利益相关性，沟通的有效更容易实现。信息源是否可靠也会影响我们对信息的接受。自己人心理和从众心理都与信息源的可靠性有密切的关系，当信息源是自己的家人、老朋友，或者是一些有相同经历的人时，我们会产生一种自己人心理。当自己对信息的正确性没有确切的把握时，就会选择和大家保持相同的意见，这就是从众心理。

4. 逆反心理

有研究证实，某些群体，比如学生，更喜欢选择反对自己观点的信息。比如 1968 年春天美国反战大抗议中，许多大学生在"我们不去"的反应征请愿书上签了字，其他许多学生也考虑了是否签字，1970 年在耶鲁大学 4 种学生实验中，贾尼斯等人测验了他们对支持誓言和反对誓言交流信息的选择性问题，这 4 种学生是：马上拒绝签字的；在仔细考虑后拒绝的；同意这个誓言表示可以签字的；已经签了字的。实验者给每个学生 8 篇关于战争的文章，其中 4 篇支持"我们不去"誓言，其余 4 篇则反对誓言，然后统计学生们对这些文章的兴趣程度，结果是支持誓言的学生对支持誓言的信息的兴趣低于对反对誓言的信息的兴趣，即学生喜欢选择反对自己观点的信息。另外在选择信息时，人们还有这样一种心理：越是不让接触的信息，人们越想选择，这也是为什么很多人喜欢网络上所谓××历史事件的揭秘等新闻。比如，当发生重大灾难时，政府越是对灾难的情况严格保密，人们越是希望能通过各种渠道了解灾难的具体情况。

从以上我们可以看出，在沟通行为中，人们的心理活动是比较复杂的。再加上个人因素的影响，我们并不能保证每一次沟通行为都能完美地达到预期的效果。但是，上文中提到的心理效应至少反映了人们的某些心理活动，因此我们可以据此来变换沟通的策略和行为，尽量最大化地实现沟通的目标。

五、任务解决

任务中的阿云来自重视社交礼仪的韩国，在韩国的文化中，向长辈和上司鞠躬是一种社交礼仪，这和性别没有关系。尽管在美国完成了学业，但是文化对阿云的影响已经根深蒂固，很难改变。

因此，为了消除同事们的误解，阿云有两个选择：第一，可以和对方讲清楚鞠躬在韩国文化中的重要意义；第二，可以选择入乡随俗，用美国文化里常用的方式来表达对长辈和上司的尊重。此外，阿云还应该注意，在和来自不同文化背景的人交流时，注意自己和对方的文化差异，避免造成误解，影响沟通的有效性。

拓展训练

今年年初，小明作为交换生来到英国某大学学习，班级的同学分别来自美国、韩国、日本等多个国家。一日，小明需要和三位同学一起来完成一个小组作业，他们分别是来自南非的艾伯特、美国的汤姆和日本的松下惠子。在小组作业的讨论和平常的交往中，他们发现经常无法沟通：比如，在讨论中，松下惠子发表意见很谨慎，基本不会发表不同意见。汤姆经常打断别人的说话，让对方觉得他很没礼貌；再比如，在日常交往中，汤姆经常直接表达对别人的看法，小明则十分委婉地表达自己的不满，不会拒绝别人的求助，弄得自己很累。

请问：

1. 如果你是小明，为了顺利完成小组作业，你会怎么处理这些矛盾？

2. 在跨文化沟通中，如何进行有效的沟通？应该注意哪些问题？

必备知识

有效沟通的 7C 原则

推荐阅读

《沟通的艺术》，作者：卡耐基

项目三　口头语言的沟通

项目情景聚焦

　　口头语言沟通是借助于口头语言实现的信息交流，是人们日常生活中最常采用的沟通方式之一。能够有效使用口头语言与他人进行沟通，是我们与他人建立良好关系、愉快工作生活的重要技能之一。

任务一
认识口头语言沟通

学习目标

知识目标：理解口头语言沟通的含义、特征、原则和礼节。

能力目标：能在工作和生活中正确应用口头语言沟通。

工作任务描述

在暑假社会实践中，老师组织同学们深入社区，对社区的老年人开展问卷调查，了解老年人对目前社区的养老服务有什么意见和建议。因为不了解社区状况，小明首先想到了向社区居委会工作人员求助。居委会工作人员告诉小明，社区里的许多老年人文化水平不高，且老年人大多有不同程度的视力衰退现象，存在着阅读和书写障碍，无法配合完成问卷调查，况且一些老年人在表达意见方面比较凌乱，这种调查很难完成。小明却信心十足地对社区工作人员说："只要你们能帮助我找到这些老年人，我就可以完成我的调查。"小明用了三天时间完成了调查并在两周后写出了一份非常翔实、有说服力的调查报告。社区工作人员看到这份报告后，惊喜地问小明："你究竟是如何做到的？"小明挂着满脸的笑容，语带神秘地说："问卷调查当然是问的啊。"

问题及思考：

为什么社区工作人员认为一项很难完成的任务小明却能轻松完成？

工作任务分解与实施

一、口头语言沟通的含义

口头语言沟通是面对面的口头传递信息的沟通方式。它主要包括：口头汇报、会谈、讨论、演讲等。这种沟通方式以文字语言、声音语言、肢体语言全面地传递信息，是人际沟通中的主要沟通方式，也是人们生活中最直接而简便的交际工具。

二、口头语言沟通的特点

(1)全面。沟通者在口头沟通中传递了包含文字语言、声音语言、肢体语言的全面信息，而这些全面信息又能被对方感知到。

(2)直接。沟通对象不需要其他信息渠道,双方通过自己的听觉器官、视觉器官以及心灵直接感知对方发出的信息。

(3)互动。双方在沟通中进行信息发送、接收、再发送的传递过程,即双方是互动的。

(4)立即。双方的信息发送、接收、再发送过程是立即进行的。

正因为口头沟通的上述特点,所以它具有众多优点:信息传递速度快,并能及时反馈,是所有沟通形式中最直接的方式;能观察接收者的反应,确定沟通是否成功;有机会补充阐述及举例说明,并可以用声音和姿势来加强。

当然它也有一些缺点,如:通常口说无凭;不能同时与太多人双向沟通;受个人情绪影响较大;对拙于言辞者不利等。

三、任务解决

在社区工作人员的介绍中,小明了解到对于有一定阅读和书写障碍的当地社区老年人来说,以传统的书面问答方式进行调查很可能造成调查的失败或是偏差。因此小明选择了直接、互动、能及时得到回馈的面对面沟通方式。他把问卷上的题目一道一道地念给对象听,耐心听取对方的回答。在这个过程中,小明也尽量让自己的声音更清晰,内容更通俗易懂,对调查对象没有理解到的语句,及时予以解释,方便理解。这样既可以让调查对象清楚地了解题意,同时也便于双方的互动交流,获取更多的信息。因此,沟通方式的选择对沟通效果非常重要。

必备知识

一、口头语言沟通的原则

口头语言沟通是人际交流的重要方式,为了更好地实现沟通的目标,在口头语言沟通中需要注意以下原则。

1. 尊重性原则

尊重他人,平等待人,是良好沟通和建立和谐人际关系的前提和基础。

2. 目标性原则

交流中,应充分考虑谈话需要,努力实现谈话目标。

3. 规范性原则

吐字归音应清晰悦耳,语气语调应简洁和谐,节奏鲜明,还应准确、朴实,语法应正确,语意要有系统性和逻辑性。

4. 情感性原则

人都是有情感的,在沟通中通过恰当的非言语符号,如温和的语气,适度的语速等,适当配合手势、身姿与表情,不仅实现文字内容上的传递,更实现人与人之间情感的交流。

5. 艺术性原则

一个人有声语言的表达能力,体现了他的修养和历练,在口头沟通中,甜美圆润或浑厚磁性的嗓音、得体的语言、抑扬顿挫的节奏，会给人留下美好的回味和遐想。

二、口头语言沟通中的礼节

礼节是人们在日常生活中，特别是在交际场合中，相互表示尊敬、问候、致意、哀悼、慰问以及给予必要的协助与照料的惯用形式。

我国古代思想家墨子提出"兼相爱，交相利"的交往原则，即人们在交往中要相互尊重、互惠互利。人作为社会的主体，自我展现、追求认同的欲望是普遍存在的心理需求，但展现自我需要控制在大家的自尊心能够承受的限度，也就是说，要想展现自我、追求认同，必须遵照他人，以礼相待。只有这样，才能更好地展现自我，追求他人的认同，以实现沟通。因此，不管是何种类型的口头语言沟通，都应以相互尊重、礼貌待人为基础，遵守相应的礼节。

1. 公平对等

尊重沟通对象，以礼相待。交谈对象不论身份高低、职位大小、财富多寡，都应当是平等的个体。

2. 遵时守约

中国传统文化强调做人要以信义为本，提倡"一诺千金"。现代社会节奏加快，遵时守约更为重要。每个人都有自觉遵守、应用礼仪的义务，守约重诺，再正当的理由迟到、失约后也应道歉，无故失约将会受到公众的谴责。

3. 和谐适度

古人云："君子之交淡如水，小人之交甘如醴。"要善于把握沟通的尺度。例如在一般交往中，既要彬彬有礼，又不能低三下四；既要热情大方，又不能轻浮草率。与对方的目光交流要适度，既不能完全不注视对方，也不要盯着别人一直看。要根据具体情况具体分析，因人、因时、因地恰当处理。

4. 尊重习俗

"进门见礼，出门问忌"，在沟通中要尊重对方的习俗和禁忌。特别是在不同国籍、不同地域、不同民族之间的口头沟通中，如果不懂外国禁忌，不懂少数民族禁忌，很可能会造成不愉快的后果。因此，必须坚持入乡随俗，充分了解与交往对象相关的习俗，才能真正做到尊重交往对象。

5. 言行文明

首先，语言要文明，不能口吐秽言。不文明的语言会让对方反感，从而忽略沟通的内容，造成适得其反的效果。同时，要注意自己的着装、举止。即使是随地吐痰、跷二郎腿等看似微小的行为，也可能会给你造成很大的不便。

拓展训练

你说我画

推荐一名表达能力强的同学上台，给他看事先准备好的一张图形，并要求他将图形用口头语言表述出来，不能用任何手势和辅助工具。其他同学根据表述人的表述画出图形。

要求：(1)表述人只重复一次，不能提问。(2)不允许交头接耳进行讨论。(3)时间一到立刻停止。

游戏完毕后，将图形展示给大家看，让大家核对自己的画是否正确。

请同学们讨论：为什么自己画出来的图形和原有的图形有差别？在讲话人不用任何手势和辅助工具的情况下，怎样做才能提高大家画图的准确率呢？

推荐阅读

《人际沟通与交流》(第三版)，作者：王佳、许玲

任务二
掌握口头语言沟通的要素

学习目标

> 知识目标：理解口头语言沟通的要素。
>
> 能力目标：学会恰当运用口头语言沟通的要素，增强沟通效果。

工作任务描述

> 　　小张、小王、小李同时应聘一家知名公司。经过简历筛选和笔试，最终都进入到面试阶段。不过这个公司的面试很特别，会议室里，10位应聘者围着圆桌而坐，就考官提出的一个话题进行讨论，而主考官就坐在旁边的角落里什么话也不说。
>
> 　　这样的面试是小张、小王和小李没有想到的，他们刚开始都感到有点不知所措。讨论开始了，平时就很健谈的小张心想，说得多肯定更能吸引考官对我的注意，更能展示我的口才，于是定了定神，喋喋不休地发言起来；平时沉默寡言的小王，看到同伴们这么侃侃而谈，感觉插不进话，只能在那里老老实实地听；小李则在讨论中一边微笑地听着同伴的发言，一边点点头，偶尔会在同伴发言的间隙提出自己的问题和想法。
>
> **问题及思考：**
>
> 　　就面试的表现而言，小张、小王和小李中，谁更有机会被公司录取呢？为什么？

工作任务分解与实施

　　口头语言沟通是双方在沟通中进行信息发送、接收、再发送的传递过程，即双方是互动的。在互动性的信息传递过程中，不仅仅要会说，还要会听、会问，也就是在互动性的口头语言沟通中，良好的表达、倾听和提问都是必不可少的。

一、口头语言沟通要素之一：表达

(一)表达的重要性

　　我国古代伟大的教育家孔子说："言不顺，则事不成。"法国著名思想家蒙田说："语言是一种工具，通过它，我们的意愿和思想才能得到交流，它是我们灵魂的解释者。"在人际沟通中，我们通常最先考虑到的就是"说"，也就是我们的表达能力。三国时期，诸葛亮"舌战群儒"促成孙刘结盟，才有了之后的赤壁之战；20世纪60年代，美国黑人领袖马丁·路德·金发表了经典的演讲《I Have a Dream》，推动了美国国会通过《1964年民权法案》，宣布所有种族隔离和歧视政策为非法政策。在其中，我们可以深刻地感受到表达的力量。现代社会中，我们也常形容某人"谈笑风生"、"谈吐不凡"，这些都体现了我们对口头语言沟通中表达能力的认识。在口头语言沟通中，表达能力是一个非常重要的因素。

(二)有效表达的要求

1. 目标明确

(1)知己：知道自己想要表达什么。

现代社会中，随着人们生活节奏的加快，以及生活空间的拓展，有时候得到和他人口头沟通的机会并不是那么容易。比如你在工作岗位中向难得一见的上级领导汇报工作，或者你参加一个非常重要的面试，这些机会非常难得，你与对方沟通的时间也非常有限，所以你需要在交流之前就要清楚知道自己想要表达什么，以及需要达到什么样的沟通目的，仅仅是传递呢，还是要让对方理解、接受，或者是行动呢。

(2)知彼：知道对方想听什么。

要了解听话者。说话时，首先要弄清听者想听什么，说对方感兴趣的东西。如：认同、赞美、鼓励、欣赏、关心对方的话；对方正需要的信息资料；对方期望听到的解决问题的方案，而非问题本身等。尽量站在对方的角度去思考，如果我是对方，我希望能听到哪方面的内容，获取哪方面的讯息。

有两位司机，同时为领导开车。由于单位精简，必须裁掉一个。于是，让两人竞争上岗。

第一个司机说："将来要还能开车，一定要把车收拾得很干净，遵守交通规则，保证领导安全，还会做到省油……"足足说了十多分钟。

第二个司机没说三分钟就结束了。

他说："过去我遵守了三条原则，现在我还遵守这三条原则。如果今后用我，我还将遵守这三条原则：第一，听得，说不得；第二，吃得，喝不得；第三，开得，使不得。我过去这样做，现在这样做，今后还这样做。"

你认为在同等条件下，哪位司机会被留下来呢？

2. 话题适宜

话题是口头沟通中你需要重点考虑的一个内容。话题选好了，你会很轻松地与对方建立良好的关系，话题没选好，你可能就会失去和对方进一步交流的机会。

话题需要事先准备与平时积累。初次与某人会面或者参加一次会议时，可以预先对议题做些准备。事先做好准备可以使双方的谈话进行得比较顺畅，避免出现可怕的沉默。这种准备一般不需要多长的时间，可以利用去开会或者去目的地的路上思考这个问题。而且这种事情如果经历多了的话，也就习惯了。以后遇到类似的情况，甚至可以用过去场合讲过的话。我们还可以通过阅读报纸、杂志，收听新闻等方式，帮助自己时刻掌握时事动态。动用自己的感觉器官，注意周围的世界，可以谈论社区里发生的事情，天气情况、文化动态等，还可以阅读本行业的杂志，这些杂志可以为你提供有关本行业的最新消息。

通常我们引起话题可以是天气、工作、人们普遍关心的新闻事件、业余爱好、娱乐、各地风俗等。在谈话的过程中，要有问有答，对于双方都感兴趣的话题，一方愿意谈，另一方也愿意听，这样的对话就比较令人满意。如果在对话的时候，其中一方滔滔不绝，而另一方已经心不在焉，不是左顾右盼就是沉默不语，这个时候说话的一方就应该改变话题或者找其他人去聊。

一方讲得很起劲，另一方却开始心不在焉，甚至想离开。有可能是因为讲的这一方话题没有选对。所以我们马上来看看哪些话题是要避免交谈的：

一是涉及金钱的个人私事：例如，挣多少钱、有多少存款、欠债多少等。

二是年龄：通常对于交情不深的女士，不要去询问对方的年龄。如果你问及对方是哪一年高中毕业或者大学毕业，说明你在间接地打听她的年龄。假如对方不介意，她会如实告诉你，如果她不愿公开自己的年龄，她会开玩笑似的应付你的问题。

三是健康：通常在见面的时候只是礼节性地问候一下对方的身体，不作实质性的、具体的说明。一般只对较亲近的人才谈论自己详细的身体状况，有的疾病属于个人隐私，没有必要过多地探问。对于生病的人需要适当地关心和帮助，但是要知道，只有医生才能够真正解决病痛，因此旁人最多能提供一些治病的信息和给予精神上的鼓励和安慰，不要为了表示关心而经常性地、毫无作用地谈及病情，这样只能让对方更加强自己是病人的意识而丝毫起不到精神上的安慰作用。

四是具有争议性的或谈话者在感情上较敏感的话题：诸如政治、宗教、同性恋、对方在生活和生理上的缺陷等。

五是流言蜚语：没有事实根据的、胡乱猜测的消息，谈论和散布流言蜚语不但有损自己的形象，而且也会造成不良的后果。

六是谈论自己的子女或爱人：有的女孩在恋爱的时候喜欢逢人就谈论自己的男朋友是如何如何地好，结婚之后喜欢在人前时时把丈夫夸耀，有了小孩就把孩子挂在嘴边，过多地谈论这些话题显得不太正式。

七是令人扫兴或厌倦的话题：在商业和社交场合，提及这样的话题有损良好的气氛，比如一味地抱怨、当众揭短，以及低级下流的话题。

3. 语言有效、清晰、简洁

(1)使用沟通双方都能理解的通用语言。在人际交流中，要使用沟通双方都能理解的通用语言，否则就会变成你说你的，我说我的，但彼此都不知道对方说的是什么。

在我国，由于历史悠久，幅员辽阔，方言种类繁多。这一方面体现了我国文化的丰富性；但另一方面也严重阻碍了各地人们之间语言交流的顺畅进行。为了消除语言隔阂，增强沟通效果，应当推广使用普通话。

根据中国科学院1955年对普通话的定义，普通话是以北京语音为标准音，以北方话为基础方言，以典型的现代白话文著作为语法规范的现代汉民族共同语。

为什么要以北京话为国家通用语基础呢？一方面，是北京话本身结构简单，语音清晰，声音响亮悦耳，声调抑扬顿挫。运用儿化、轻重音等现象，使语感柔和，节奏鲜明。历史积淀而成的双声、叠韵、叠音等现象使其韵律和谐，具有音乐美；另一方面，北京是几代帝王的都城，全国政治、经济、文化中心，故其语言使用范围最广，人口最多。北京话被称为"官话"，是多个朝代正式场合大家共同使用的语言。另外，五四运动从北京发源，国语运动由北京产生，这也是重要的客观原因。

在提高普通话的能力上，一是平时多听媒体中规范的普通话，比如中央电视台的《新闻联播》等节目；二是生活中对某个字的读音拿不准，一定要多查字典，明确正确的发音，切忌主观臆断、"认字认半边"等，避免在沟通中闹笑话或产生误会；三是系统进行普通话语音知识学习和技能训练，比如针对自己发音的薄弱之处进行绕口令训练等。绕口令举例：

绕口令1：

红凤凰，粉凤凰，红粉凤凰飞。

绕口令2：

四是四，十是十，

十四是十四，四十是四十，

四十不是十四，十四不是四十。

绕口令3：

牛牛和妞妞，

是对好朋友。

牛牛去放牛，

妞妞要去摘河边柳，

牛牛不让妞妞去摘柳，

急坏了妞妞，

吓跑了牛牛。

（2）尊重对方的语言习惯。不同的地方语言习惯不同。有时同样一句话，对不同地区的人来说意义却完全相反。比如：四川话里的"好多"不是形容词，而是量词，说的是多少、多久的意思。还有些自己认为很合适的语言，对来自不同地方的人听来，可能很刺耳，甚至认为你在侮辱他，造成误会。如北方人称老年男子为老先生，但在上海嘉定人听来，会当是在侮辱他。安徽人称朋友的母亲为老太婆，是尊敬她，而在浙江，称朋友的母亲为老太婆那简直就是骂人了。

（3）说话内容便于对方理解。说话的时候，要使每一句话都明白易懂，表述要生动，避免用一些生涩的、深奥的术语。如工作中有许多专业术语，但如果跟非专业人士介绍时用这些专业术语，别人听了就会一头雾水。

一个秀才在路上遇到一个上山砍柴的樵夫归来，秀才想买他的柴，就上前指着背篓里的柴火问："薪者，几何？"樵夫没有理他。秀才又问了一遍："薪者，几何？"樵夫还是没有理他，背起背篓就准备往前走。秀才这时急了，大声喊道："喂，你的柴卖多少钱啊？"樵夫这才反应过来，停下来说："哦，原来你要买柴啊！"

这虽是一个笑话，但在生活中，这样类似的故事并不鲜见。在谈话前，一定要考虑对方的文化程度、语言习惯等，否则就达不到我们谈话的目的甚至是对牛弹琴。

（4）表述要有逻辑。有人在叙述事情或者表达观点的时候，往往东拉西扯，没有头绪，这样会使对方完全搞不清楚他在说什么。所以整个表达应当有清楚而有逻辑的思路，否则即使每句话都很清楚，但罗列在一起，对方也弄不明白你到底在说什么。

（5）说话要文明。你可以用幽默风趣的话来调节气氛，展现你的活泼与风趣，但不可以用低俗的话来表现。一句粗俗的话，会使别人觉得你鄙劣、轻佻和无知。

（6）适时地结束，说话别"超限"。天下无不散之筵席，所以即使再相见恨晚，聊得再投机，也要面临一个结束会谈的问题。为了避免沟通中无谓地浪费时间，也为了巩固前面交流的成果，聪明的人就要能够适时地、完美地结束话题。在结束谈话的时候，可以简单地叙述一下谈话的重点；提醒下一步紧接着要做的事情；在某些场合还可以通过介绍他人参与谈话而为自己抽身；或者说明要结束谈话的理由等。

有一个人去听一位牧师的演讲，开始的时候，他被深深地感动了，拿出很多钱准备捐款。一个小时过去了，这个人认为牧师的演讲估计该结束了，但牧师仍在继续，他有点不耐烦，决定只捐一些零钱算了。两个小时过去了，牧师还在滔滔不绝，这个人开始反感，决定一分钱也不捐了。

三个小时过去了，牧师还在翻来覆去地讲同一个道理，这个人烦透了。好不容易挨到演讲结束，开始时准备捐钱的这个人，不但一分钱没捐，还趁人不注意从捐款钵里拿走了一些钱。

这个案例里的牧师说了那么长的时间，说明他的语言表达能力挺强的吧？可是效果怎样呢？本来一开始准备捐钱的人，不但一分钱没捐，还趁人不注意从捐款钵里拿走了一些钱，由于牧师的喋喋不休，反倒起到了适得其反的效果。

也会有很多人沉溺于自己的话题中不舍结束，就更让人为难。如果我们一次只谈一个话题，并以此问题征求对方的意见，而且进一步请求对方阐明对这一问题的看法，那么我们就一定能赢得对方的欢心，而且你自己也达到了说话的目的。这种说话的态度，不但给予对方发表意见的机会，同时也使自己能专心倾听对方所说的每一句话。要知道，一个善于倾听并且能让对方有说话机会的人，必定能受到众人的爱戴与欢迎。

在口头语言沟通中，我们可以把提升口头表达力的要领总结为：

（1）先过滤：把要表达的资料过滤，浓缩成几个要点。

（2）一次一个：一次表达一个想法、讯息，讲完一个才能讲下一个。

（3）观念相同：使用双方都能理解的特定字眼、用语。

（4）长话短说：要简明，中庸，不多不少。

（5）要确认：确认对方了解自己的想法。

二、口头语言沟通要素之二：倾听

（一）倾听的重要性

倾听是指人们凭借听觉器官接受言语信息，进而通过思维活动达到认知、理解的全过程。倾听是沟通的重要环节。良好的倾听是有效沟通的开始，是有效沟通的前提。

倾听不同于听，后者是一个生理的、自然的过程，前者却是发自内心的。我们每天都听到很多声音：汽车的喇叭声、行人的脚步声、小鸟的叫声、旁人的吵架声……对于听到的大部分的声音，我们不感兴趣，听过以后便忘记了，甚至感觉不到曾经听过。只有那些感兴趣的声音信息才会进入大脑的听觉处理系统。在倾听中，人们关注对方，投入情感，记忆、分析并随时准备表达自己，最终达到理解别人和被人理解的目的。

有人调侃地说，上帝之所以给了人一张嘴巴、两只耳朵，就是叫人少说多听。美国著名政治家本杰明·富兰克林曾说过："与人交谈取得成功的秘诀是多听。"中国的俗语"说三分，听七分"、"会说的，不如会听的"，以及外国谚语"用十秒钟时间讲，用十分钟时间听"，都是讲倾听在交谈中的重要性。

吴威向一位客户销售家具，交易过程十分顺利。当客户正要掏钱付款时，另一位销售人员跟吴威谈起昨天的足球赛，吴威一边跟同伴津津有味地说笑，一边伸手去接货款，不料客户却突然掉头而走，连家具也不买了。吴威冥思苦想了一天，不明白客户为什么对已经挑选好的家具突然放弃了。第二天早上9点，他终于忍不住给客户打了一个电话，询问客户突然改变主意的理由。客户不高兴地在电话中告诉他："昨天付款时，我同你谈到了我的小女儿，她刚考上北京大学，是我们家的骄傲，可是你一点也没有听见，只顾跟你的同伴谈足球赛。"

吴威这次生意失败的根本原因是什么呢？

在人际沟通中，学会倾听，做个好听众，是建立良好人际关系、提高沟通效果的一个重要途径。所以，一个善于交谈的人首先必须是一位善于倾听的人。交谈过程中，诚心诚意地倾听，会让对方觉得自己深受尊重，你对他的谈话很感兴趣，有助于开启谈话者的心扉，同时也向对方传达了自己的良好修养。

沟通应该从倾听开始，不愿倾听，沟通便无从谈起。沟通的关键是真诚，真诚的倾听是对别人最好的尊重，也是最好的赞美。不管说话者是上司、下属、亲人、朋友，或者是其他人，保持真诚的倾听心态都会让你有所收获。在真诚的倾听中，我们能穿透文字，发掘对方的内心。人们都喜欢倾听者，尤其是有同情心的倾听者，和亲密的朋友一样重要，无论对个人还是对团体都能起到积极的作用，并且让人们感觉他们相当可靠、值得信赖和十分忠诚。

（二）有效倾听的要求

1. 精神专注

精神专注是准确倾听的前提。通常，大多数人在倾听时只能集中20％的注意力，其余的80％随着种种原因丢失了，因此在理解上就会出现差异，尤其是当一个人说话缺乏吸引力时，集中精力就变得更加困难，也就变得非常重要。所以，在与他人沟通时，要静下心来，尽量排除各种干扰，用积极的态度听清对方的全部信息，这是沟通顺畅的重要保障。

2. 保持耐心

当对方倾诉时，应让其先说、多说，不要随意打断对方的谈话，更不能表露出不耐烦或敷衍的神情，使其乐意向你倾诉。要善于激发双方讲心里话的欲望，要引导对方将内心的感受倾诉出来。谈话中尽量消除各种干扰，比如开着的电视、突然响起的电话铃声、手上没有停过的小动作、自己胡思乱想、走神、忧虑、过多做笔记等。谈话中也要给予积极的语言回应，但要避免不必要的打断。如果听漏了一些地方，或者遇到不懂的地方的时候，要在对方的话暂告一段落时，迅速地指出疑问之处。

3. 准确理解

对方与你交谈的目的旨在让你能更好地理解他，所以我们在倾听中除了在精神上、表情上、肢体上表示专注之外，还要在你大脑里及时对对方的话语进行加工，不仅要听，而且要观察，同时用自己的情感去体验，用头脑去判断，理解对方的真实想法和意图。如果你确实担心没有理解清楚对方的意思，你可以用自己的话复述一下对方的话，请求对方的"验证"，如"您刚才的话，您看我可以这样理解吗？……"比如一位来访者说："我已经尝试了去和父亲和谐相处，但是不行，他对我太苛刻了。"你可以用你的话向对方表达你的理解："我可以这样理解吗？你好像不能接近父亲，所以感到沮丧。你需要他对你宽容些。你是不是可以试着向他表达出你对他的感情呢？"

4. 积极回应

与对方交谈时，不能长时间一语不发，更不能三心二意做其他事情，让对方误认为你对所谈的话题不感兴趣、漠不关心。要保持适度的目光交流，并适时提出一两个问题或表达一下自己的感触。如"嗯……"、"噢"、"是这样啊"、"那后来呢？"等。特别是当别人分享自己的喜悦时，应当有积极的表示，比如当别人乐呵呵地告诉你，他的孩子考上名牌大学时，你马上表示祝贺，或者开心地笑笑、夸夸对方的孩子都是不错的表达方式；当别人分享自己的伤心事时，如果你确实不知道自己该怎样用语言表达关心和安慰，那么给予关切的目光，或者轻轻拍下对方肩膀(这个举动要因人而异，不熟悉的异性之间尽量避免)，或者当别人哭泣时默默地递给对方一张面巾纸，也可以传递出关切或者温暖的感觉。总而言之，要充分通过你的语言符号和非语言符号，让别人感受到你对他的关注和同情，而不要让人觉得你冷漠或者麻木。

在多人交谈中，如果你要加入，应先致歉，还要注意不要喧宾夺主。在交谈时应兼顾众人而不是专跟一个人谈。

多数情况下，对方的倾诉是想听听你的想法，并由此调整自己的心态。听完对方倾诉后，切不可不了了之，而应以诚恳之心将自己的建议告诉对方，使其得到实际的帮助。

三、口头语言沟通要素之三：提问

(一)提问的重要性

法国启蒙思想家、作家伏尔泰说：判断一个人要根据他的问话，而不是他的回答。科学家爱因斯坦说：提出一个问题往往比解决一个问题更重要。

在互动性的口头语言沟通中，提问也起到了重要的作用：

(1)探求、了解需求。比如销售人员通过对客户的提问，进一步了解了客户对产品的需求。

(2)希望对方予以解释、说明。比如顾客针对商品的质量问题询问售货员。

(3)希望对方透露信息。比如有的学生会在考试前夕询问老师："这门课这么多内容背都背不完，到底哪些内容是重点啊？"

(4)证明自身论点、难住对方。比如在辩论赛中，正反双方通常会采用提问的方式来质疑对方，证明自己的观点。

(5)弄清事实、甄别真相。比如部门领导者想通过询问相关人员，调查清楚这次事件的真实情况。

(6)启发思维、打破僵局。比如在集体讨论问题时，主持人试图通过提问来引发参会者充分发挥创新能力，解决问题。

(二)有效提问的要求

甲乙两个信徒都很爱抽烟。一天祷告时,甲问神父:我祷告时可以抽烟吗?神父生气地说:绝对不可以!乙问神父:我抽烟时可以祷告?神父和蔼地说:当然可以!

这个故事告诉你什么?

提问不在于多,而在善问;提问是有目的的,是要为你的谈话所服务的。

有效提问的要求可以归纳为3W1H,具体如下:

(1)What——问什么?首先要明确自己想问什么,想通过提问实现什么样的目的。是渴望对方能同意你的请求,希望对方透露你想要的信息,还是想以此启发对方的思维呢,或者是实现其他的目的?

(2)Who——向谁问?比如是该找机会向掌握实权的领导提问,还是向一个普通小职员提问就可以呢?这个也是你需要考虑的。

(3)When——何时问?提问的时机也是非常重要的。提问时机得当,能够顺利实现你的目标;时机不当,即使是计划好的问题也无法实现你的目标,甚至还会达到适得其反的效果。

(4)How——怎样问?一是态度要诚恳,只有营造了良好的氛围,才有可能得到你想要的答案;二是要根据沟通对象、内容和目的的不同,采取不同的提问方式,比如向一个小朋友和一个资深科学家询问同样一个问题,提问的语言是大不相同的;三是句式尽量简短,太长的问题会让当事人不得不花更多精力去对其进行语句分析,加重大脑的负担,更可能会影响当事人对问题的理解,甚至会使对方感到厌烦。

下面是一个销售人员运用提问的成功案例,看看这里面的张先生是怎样运用了3W1H原则的:

销售员张先生(下面简称"张"):王经理,您好,首先要感谢您给了我介绍我们产品的机会。

商场负责人王先生(下面简称"王"):欢迎您的到来。

张:咱们能先谈您的生意吗?那天咱们在电话里交谈时,您曾向我透露过,您计划销售坚固且价钱合理的家具。不过,我还想进一步知道,您期望的是哪些款式,您销售的对象是哪些人,还有,您能谈谈您的构想吗?

王(点点头):你可能也了解,我们商场附近住着不少年轻人,他们通常喜欢逛组合式家具连锁店。但是,在城区的另一块,住着很多的退休老人,如我母亲就住在那里。去年,她很想买家具,但是她觉得组合式家具太花哨了;另外,她也买不起那些高级家具,尽管她也有固定收入。她的烦恼是,以她的预算,很难在这个城市里买到款式好并适合她的家具。她告诉我,她的很多朋友都有这方面的困扰,这是一个普遍的问题。于是,我便做了一个调查,发现我母亲说得很对,因此,我的商场里家具这方面,锁定的销售对象就是这群人。

张:您的意思是说,高龄用户考虑的最重要因素是家具的耐用性,对吗?

王:对,我们的顾客成长的年代有别,因此他们希望自己的用品能够常年如新。例如,我奶奶家的家具,她在上面铺上了塑料布,一用就是30年。虽然我也明白,我的这种物美价廉的需求对于生产厂家而言,有点强人所难,但是我还是认为,一定会有厂商愿意生产这类家具的。

张（肯定的眼神）：这是肯定的。那么，我能再问您一个问题吗？

王（点头）：你问吧。

张：您所说的价钱不高是多少？您认为顾客愿意花多少钱去买一张沙发？

王（笑了起来）：原谅我没有把话说清楚。我不会买进一大堆便宜的"大路货"，也不会采购一批上个世纪的"古董"。我个人认为，只要顾客能够确定这东西能够用得很长时间，他们便能接受 800 元到 1000 元之间的价格。

张：太好了，王先生，我们企业一定能够帮得上这个忙！请容许我再占用您几分钟，谈一谈两点。第一，我们企业生产的"典雅系列"，无论从外观还是品质上，都能够符合您锁定的顾客群的需要，至于您提到的价钱，我们有绝对的信心能够确保得了。第二，我们可以谈谈这套产品更人性化的设计和优点，那就是永久性防污处理。这项技术使得家具不沾尘垢，清洁非常方便。这些我们可以在接下来的合作中进行详细全面的了解，您觉得如何？

王：好的，没问题。

四、任务解决

当应聘者在进行讨论时，主考官在旁边观察，他不在乎你说的是什么，也不在乎你说的是否正确，他是看你这听、说、问这三种行为是否都出现，并且这三种行为是由一定比例出现的。如果一个人要表现自己，他的话就会很多，始终在喋喋不休地说，可想而知，这个人将是第一个被请出考场或者淘汰的一个人。如果你坐在那儿只是听，不说也不问，那么，也将很快被淘汰。只有在讨论的过程中你说你听，同时你会问，这样就意味着你是一个具备良好沟通技巧的人，更容易在团队协作和人际交往中被人接受和发挥作用。所以，当我们在沟通的时候，一定要养成一个良好的沟通习惯：既要会表达，还要会倾听和提问。显而易见，在面试中，善于综合运用听、说、问这三种方式的小李更容易受到主考官的青睐。

必备知识

在口头语言沟通中，除了重视听、说、问这三个要素的有机结合与运用之外，还要注意非语言符号的运用。

一、非语言符号的含义及作用

非语言符号是指不以人工创制的自然语言为语言符号，而是以其他视觉、听觉等符号为信息载体的符号系统。虽然语言是人类最重要的符号系统，但是非语言符号同样在日常传播活动中扮演着不可或缺的角色。美国学者 L. 伯德惠斯特尔估计，在两个人传播的场合中，有 65% 的社会含义是通过非语言符号传递的。专门研究非语言符号的艾伯顿·梅热比提出了一个公式，说明非语言符号的重要作用：

沟通双方互相理解＝语调（38%）＋表情（55%）＋语言（7%）

公式中的"语调"和"表情"均为非语言符号，这个公式表明了人际传播中非语言符号所能传递的信息远远大于语言。

心理学家弗洛伊德曾说："凡人皆无法隐藏私情，他的嘴巴可以保持缄默，他的手脚却会多嘴多舌。"按照比例，当表情动作与个体的口头语言不匹配时，人们更倾向于相信对方的肢体语言。如果你的讲话同你的目光和面部表情不一致，聪明的听者总是依据非语言符号作出正确的判断。甚至连孩子也会从父母严厉批评之后的一丝不易觉察的微笑中，将批评的分量降到适当程度。因为，非语言符号显得更加真实。所以，在口头沟通中，我们要注意自己的非言语符号，也可以通过观察对方的非言语符号来了解我们的沟通效果、调整我们的沟通方式。

非语言符号可以分为两大类：一类是无声性的身体语言沟通，包括动态无声性的眼神、表情动作、手势与身体运动等，以及静态无声性的身体姿态、空间距离和服饰等；另一类是非语言的声音，比如重音、语音语调的变化、哭声、笑声、停顿等，这类非语言称为副语言。我们将在"项目五 非语言符号的沟通"中对第一种类型即肢体语言和表情语言作详细介绍，在这里我们重点介绍第二种类型即副语言。

二、副语言的运用

副语言指语言的非词语方面，包括发声系统的各个要素：语音语调、音量、语速、节奏等。它是语言表达的一部分，而不是词语本身；它关心的是事情如何被说出来，而不是说什么。副语言在口头语言沟通中起着十分重要的作用。

(一)巧用你的声音

声音具有四大属性：音质、音高、音强和音长。任何声音都具有这些属性，说话的声音也不例外。习惯上我们将这四大属性称为：音质、音调、音量和语速。在声音发出的瞬间，这四种属性同时作用于人的听觉神经，使我们对声音形成区别性印象。

(1)音质。就是声音的个性或特色，它是一个声音区别于其他声音的基本特征。比如同样是名曲《梁祝》，只要序曲一响，我们就能分辨出是用小提琴还是用二胡演奏的，因为小提琴和二胡的音质不同；同样是一篇诗歌，由不同的人来朗诵，有人声音高细而刚硬，有人声音低弱而温柔，听众马上会区别出来，并产生不同的联想，认为前者是一个干练利落的女人，后者是一个文静端庄的女人。人与人交流时，音质圆润悦耳、有感染和亲和力是第一要素。如果你的音质条件因先天或年龄的因素不够优美，要特别注意善用语调和语速来弥补音质的不足。

(2)音调。我们平时说的音调，也就是音高。音调的高低是由声带振动频率的大小决定的。频率的大小同发音体的形状和质地有关。相对而言，大的、长的、粗的、厚的、松的发音体，振动频率较慢，发出的声音也低；小的、短的、细的、薄的、紧的发音体振动频率较快，发出的声音也高。人声的高低同声带的长短、厚薄、松紧有关。一般而言，女性和小孩的声带较短较薄，声音要高一些。成年男子的声带较长较厚，声音就低一些。

通过研究发现，不管男女，音调低一些能起到较好的沟通效果。这是因为音调太高，鼻音就会提高，听了会让人不舒服，甚至起鸡皮疙瘩。而且，音调太高容易给人一种亢奋、不稳重的感觉。一般而言，悦耳的是柔和的中音，微向上升。

(3)音量。音量的大小则取决于发音时用力的程度和量的大小。说话时如果比较用力，呼出的气流比较大，发出的声音音强就比较强；反之就比较弱。相对而言，年轻人的气息强，老年人的气息沉，声音很容易分辨。从身体状况来说，健壮的人气息强，偏瘦的人气息弱。能够根据不同场合恰如其分地运用好音量，是非常重要的。一般以声音大小、响亮程度适中为宜。当你在请求别人帮忙时，如果采用适中的音量，会比较容易得到帮助。原因很简单，你说话的声音比较大，容易给人"命令和强制"的感觉，让人反感。但如果声音太小，又容易让人觉得你缺乏自信、很害羞，甚至还会觉得你在撒谎。

（4）语速。也就是音速，是指音节的发音时间长短，或者说单位时间里吐字的数量。音的长短可以通过训练改变。有的人说话语速很快，像机关枪扫射，给人上气不接下气的感觉。有的人说话慢条斯理，让人着急。这都不恰当。在交谈中一般以语速适中为宜。当然，在不同的场合中也可以通过适当调整语速达到不同的效果。比如，快速一般用于表示紧张、激动、惊奇、恐惧、愤怒、急切、欢畅、兴奋的心情，或叙述急剧变化的事物与惊险的场景，或刻画人物的机警、活泼、热情的性格等；中速一般用于感情与情节变化起伏不大的场合，或用于平常的叙事、议论、说明、陈述等；慢速大多用于表示沉重、悲伤、忧郁、哀悼的心情，或用于叙述庄重的情景，或表示不确定，或强调重点。

除了声音的四大属性之外，语气、节奏、停顿等副语言也会影响口头沟通效果，我们也要通过对它们的恰当运用来达到我们讲话的效果。

（5）语气。语气是通过声音表现出来的话语，气是支撑声音表现出来的话语的气息状态。感情上有千变万化，才会有气息上的千差万别和声音上的千姿百态。语气运用的一般规律见下表：

表 3-1　语气运用的一般规律

气息	声音	听众的感觉	表达的感情
气徐	声柔	温和的感觉	爱的感情
气促	声硬	挤压的感觉	憎的感情
气沉	声缓	迟滞的感觉	悲的感情
气满	声高	跳跃的感觉	喜的感情
气提	声凝	紧缩的感觉	惧的感情
气短	声促	紧迫的感觉	急的感情
气粗	声重	震动的感觉	怒的感情
气细	声粘	踌躇的感觉	疑的感情
气少	声平	沉着的感觉	稳的感情
气多	声撇	烦躁的感觉	焦的感情

（来源：吴雨潼. 人际沟通实务教程. 大连：大连理工大学出版社，2011）

（6）语调：指说话时声音的高低变化。声音的高低升降是由音高决定的，语调的变化通常与讲话者的兴趣或重点强调的愿望有关系。通常，语调的升降变化，在句末较为明显。同一语句，往往因为语调升降处理不一样，会不自觉地泄露出讲话者的态度和感情，如：

这是五百万元。（平静讲述，司空见惯）

这是五百万元？（怀疑，不相信有这么多）

这是五百万元？（惊讶，怎么这么多）

这是五百万元？（喜悦，为一下子有这么多钱而高兴）

这是五百万元！（强调金额数目很大）

这是五百万元！（后悔，不该错过赚大钱的机会）

（7）停顿：要在说话时有适当的停顿，恰当的停顿会帮助听众了解你的思想，也给人留有思考的时间。在口头沟通中，除了顺应语句中的标点符号的要求进行停顿外，停顿通常主要有以下作用：

①指向强调。为了突出居中某些重要词语，引起听众的注意，加深听众的印象，可以在这些词语的前面或后面稍加停顿，这便是强调性的停顿。如：

不在沉默中/爆发，就在沉默中/灭亡。

——鲁迅《记念刘和珍君》

②区别语意。书面语中的某些歧义短语和句子，可以用朗读的停顿来揭示其不同的语法结构，从而表达不同的意义。如下面的故事：

古时候，有个秀才要招收学生，他对穷子弟不收费，对富家子弟却要很多报酬。他出了一则告示，这样写道："无米面也可无鸡鸭也可无鱼肉也可无银钱也可。"那么当穷人子弟和富家子弟分别前来时，他是怎样读的呢？

对穷人，他是这样读的："无米面也可，无鸡鸭也可，无鱼肉也可，无银钱也可。"对富人："无米，面也可；无鸡，鸭也可；无鱼，肉也可；无银，钱也可。"

同样的文字，同样的语音，由于不同的停顿，导致了截然不同的意义。这就是停顿的区别语意的作用。

③表达音节。朗诵诗词时，必须用停顿来表达音节，以加强节奏感。如：

北国/风光，千里/冰封，万里/雪飘。望/长城内外，惟余/莽莽；大河/上下，顿失/滔滔。山舞/银蛇，原驰/蜡象，欲与/天公/试比高。须/晴日，看/红妆素裹，分外/妖娆。

——毛泽东《沁园春·雪》

（8）重音：一句话的重音放在不同的位置，语音的表示和情感的强度也就会有所不同。苏联戏剧家斯坦尼斯捷夫斯基说："重音就像人的食指，指示着节奏中或句子中最主要的词。"重音的所在，一般也就是说话者所要突出的重点所在。例如"你听得懂吗"这个句子，如果"懂"字不重读，那么只是一般的询问，否则就变成了反问，并且还包含着轻视的意味。

一位高级主管和一位中层干部，先后对一位连续迟到两天的女职员说："你呀！怎么又迟到了？"高级主管说这句话时，把"你呀"说得又长又响，似乎重点是在强调她这个人。而中层干部则把"又迟到了"这几个字说得特别响亮，并特别在"又"字上加大了音量。然而，同样的一句话却有不同的效果。女职员听了高级主管的话，只是低着头，脸也红了。但听了中层干部的话，她却反唇相讥："迟到就迟到，有什么了不起的！扣奖金好了。"

分析其中原因，就在于重音的位置不同，所强调的意义、表达的感情也因此出现了差异。高级主管的话，尽管有批评，但带有亲切感，从而削弱了女职员的反抗情绪；而中层干部的话听来指责意味浓厚，使人产生反感，心理上自然不能接受，也就导致二者的结果不同了。

（9）节奏：抑扬顿挫、轻重缓急的不同节奏能显示有声语言的音乐美感。一般的讲话宜抑扬顿挫，大小声结合，保持均衡、规律。当然，我们在口头表达中，也要根据所想要表达的情感，采用不同类型的节奏。

比如，轻快型的节奏，语调轻松快捷，多用来表示欢快、诙谐、愉悦的情感；低沉型的节奏，语势下行，句尾落点多显沉重，多用来表示悲痛、伤痛、哀悼的感情；凝重型的节奏，话语凝重，声音较低，常用来表示严肃、庄重的、沉思的意味；高亢型的节奏，语速较快，语调高昂，常用来表示热烈、豪放、激昂、雄浑的气势；舒缓型的节奏，语调舒展自如，常用来描绘幽静、淡雅的场景，表达平静、舒展的心情；紧张型的节奏，语速快，声音较短，气息急促，多表达紧急、气愤、激动的情绪。

在高尔基的《海燕》中：

"暴风雨！暴风雨就要来啦！

这是勇敢的海燕，在怒吼的大海上，在闪电中间，高傲地飞翔；这是胜利的预言家在呼喊：

让暴风雨来得更猛烈些吧！"

这部分内容需要表达豪放、激昂的气势，语调激昂，应当使用高亢型的节奏。

（10）类语言

此外，还有诸如说话中的停顿、咳嗽、哭声、笑声、呻吟、叹息以及各种叫声，被称为类语言。类语言对于语言意义的表达和情感意义的表露，影响同样很大。比如你在说话间隙中使用"嗯"、"啊"或者"你知道"等，表明了你在讲话中暂时停顿，其他人知道你还在说。

（二）训练提高你的语音能力

人的声音不仅仅与喉咙有关，还涉及身体的许多部位。身体像一套最为先进和精密的音响系统，依靠这套系统的协调作用和相互配合，让个体清晰而得体地表达讲话内容。人体的发音系统主要由发声器官、吐字器官和动力器官三部分组成。

发声器官主要由喉构成，声带是在喉部附近的两对半圆形的扁状韧带，犹如管乐器中的哨嘴和簧舌一样，起着发声的作用。当人呼吸时，自然放松分开，让气息畅通无阻地进出。当人说话和发声时，本能地向喉管中间靠拢。当靠拢到一定程度时，就会受气流的冲击产生振动而发声。你可以试着体验一下，说话时把手指轻轻放在下巴下面，可以感觉到明显的共振。声带的光滑、厚薄、闭合好坏都会影响声音的质量。声音的纯净明亮或干瘪嘶哑，由自身声带的质量所决定。

咬字和吐字的器官主要是唇、齿、舌、腭、鼻，是完成语音的最后部位。它们对喉部发出的原音进行修正处理——共鸣，使声音美化、亮泽、圆润。这就使声音具有了弹性和可塑性。你可以试一试，用手指轻轻按住鼻梁骨，然后发出"呢、呢"的声音，你会感觉到微微的颤动。

发音是需要动力的。吹笛子时，你必须使劲地吹气，才能发出声音。人的发音动力以肺为中心，包括与呼吸有关的器官和组织。肺的作用就像一只产生空气动力的风箱，在周围肌肉组织的带动下作扩张或收缩运动，形成气流的进出。气流经过气管到达喉部，促使声带振动，发出声音。平时聊天小声说话时，只需要在肺的上部保留少量空气，轻轻呼吸就可以了。但如果大声说话和演讲时，就需要深呼吸。

气息是言语发声的动力，动力的大小体现在肺活量上。所以我们通常可通过肺活量训练，比如跑步、游泳等运动来提高我们的肺活量。

另外，你的后腿肌肉也起到非常重要的作用。它们能使你挺直身躯，有助于你在讲话过程中的血液循环，使你不会感到缺氧，保持良好的精神状态。在唱卡拉 OK 时，你会发现，歌唱得好的人，喜欢站起来唱。因此，为了获得更好的发言和演讲效果，最好是选择站着。

最后，我想告诉大家的是，说话时的发音部位非常关键。你发音的部位取决于你的胸腔、喉咙和头部产生共振的空间。一般来说，发音部位越靠前，你的发音效果就越容易扭曲。可以用一个简单的方法来体会发音部位的不同带来的不同音效。你可以先说"呵呵呵"，然后说"哈哈哈"，再接着说"呼呼呼"，仔细体会一下，是否有什么不同呢？很多人不明白自己的声音究竟问题出在哪里，其实是没有弄清楚自己的声音是从身体的哪一个部位传出来的。

了解了发声的原理后，为了让我们的语音更准确、清晰、悦耳，我们可以进行一系列语音能力训练。

(1)气息训练。说话和唱歌的发音方式是相通的。一些学习唱歌的方法可以用到说话上。意大利男高音之父卡鲁索说："在所有学习歌唱的人中，谁掌握了正确的呼吸，谁就成功了一半。"气息是发出声音的动力，更是各种声音技巧的"能源"。

歌唱时正确的呼吸，既不是用两肩上抬、胸廓紧张的浅胸式呼吸法，也不是用腹部一起一伏、胸部僵硬紧逼的纯腹式呼吸法，而是打开口腔用胸腔和腹腔联合运动而完成呼吸动作。

其吸气要领是：吸到肺底—两肋打开—腹壁站定；呼气要领是：稳劲—持久—及时补换。不过，要掌握好这一方法是有一定难度的，通常要经过专业训练。我们可采用一些简单易行的方法，如：平心静气地去闻鲜花的芳香；突然受到惊吓时的倒吸冷气；模拟吹灰尘。还可以利用早上起床的时间做一些训练，具体方法是：

全身平躺在床上，尽力伸展身体，收缩腹部，把一只手平放在横隔膜上，将另一只手放在胸骨上，然后尽力吸气，吸气的同时说"哦，哦，哦"，呼气的同时说"哈，哈，哈"，这样练习几次，能够使气息充盈全身。然后再说出"早—上—好"，说的时候，手要能感觉到胸腔是在振动。

然后坐起，双脚紧贴地面，保持身体挺直，再说几次"早—上—好"。最后，站起来在房间里来回走动，连续说"早上好，早上好"。注意在说的时候，要对自己充满自信。

(2)共鸣训练。人的口腔、胸腔等发音器官就像一个音箱，搭配使用得当就能发出具有磁性的嗓音。为什么有的人说话的声音穿透力特别强，即使房间里噪音很大，也能听清他在讲什么，这就是共鸣的原因。你的声音必须是通过胸腔共鸣产生的，而不是堵在嗓子眼里被憋出来的。

共鸣训练要注意对发音器官的控制练习，以达到好的音质音色。首先要练习如何张开嘴说话，而不是发声不动嘴，咬着牙齿说话。我们会注意到歌手唱歌时都是张大嘴，这样才能够清晰地唱出每一句歌词。讲话时你也应该尽力做到这一点。开始训练时，朗读以下的内容大声进行练习：

胸腔共鸣练习：暗淡　反叛　散漫　计划　到达

口腔共鸣练习：澎湃　碰壁　拍打　喷泉　品牌

鼻腔共鸣练习：妈妈　买卖　弥漫　出门　戏迷

在练习时要注意仔细体会发音时胸腔、口腔、鼻腔共鸣的感觉。

（3）吐字归音训练。吐字归音训练强调的是对发音动作过程的控制，是一种经过加工的艺术化的发音方法，目的是要做到吐字发音准确清晰。吐字不清晰的人，即使声音很大，别人也听不清你在说什么，更谈不上谈吐有魅力了。

（三）保养你的嗓音

不管你原来的嗓音是什么样的，通过练习都能使嗓音体现出魅力、能力和个性，也能让坐在最后一排的听众进入你的声音磁场。

声带是非常娇嫩和脆弱的发声体，如果不加保养，一旦损坏了，就会像一把没有哨嘴的唢呐一样，看着像一件乐器，其实已失去了原有的价值。

嗓音的保养，一半以上取决于细致的生活方式。在这个沟通的时代，打电话、与人交谈、开会发言、讲课或演讲等，都要用嗓。因此，建议大家重视声音的保养。

保养声音，首先应该学会如何正确地发声。有专家说，大约有七成人不会"说话"，也就是说有很多人的发音方式是不正确的。在任何时候说话都不要用力过度，而要用柔和的气息使其发声。运用声带发声就像打鼓的原理一样，有人总觉得鼓不够响而拼命用鼓槌砸，结果鼓面损坏了。声带比鼓面更娇嫩，用气过猛或用力过大都容易损坏声带。所以，千万不可拼命地喊叫。同时，应经常锻炼发声，巩固发声方法，提高发声水平。

身体健康是嗓音良好的保证。日常生活中，要注意保持身体的健康，不要过度熬夜，让整个机体处于正常有序的状态。人们大多有这样的体会，当身体不适时，声音也会变异，这时要尽量少用嗓。比如在感冒时，声音会变得沙哑和粗糙。另外，女性生理期期间也应注意适度用嗓。鼻炎、慢性咽喉炎、扁桃体炎等疾病更直接影响嗓子的健康，要及时地标本兼治。注意日常饮食，少吃强刺激性食物，常喝开水。在较长时间用嗓后，不要马上吃太冷或太热的食物。

由于"发音器官"与"呼吸器官"紧密相关，平时可以多食用一些润肺的产品与饮料。比如枇杷膏、葡萄柚汁、胖大海、罗汉果对喉咙都非常好。在长时间讲话前喝一杯热的白开水或上述饮料，注意不要饮用冰冻的饮料，冰冻的饮料会使声带紧缩。嗓子有点发炎时可以用一点冰块来消肿。热茶的茶碱成分会让喉咙干涩，所以不建议长期饮用。咖啡由于过多的酸性物质会让口腔黏性物质过多，发音时会产生过多的唾液，影响声音的优雅，也不建议饮用。一般清淡的汤比浓而油脂过多的汤更为适合。

最后还应注意避免一些用嗓的坏习惯，如说话太快会影响呼吸和加重用嗓负担，一般一句话不应超过 10 个字。此外，习惯性清嗓也是坏习惯，清嗓会加重声带的紧张度，给声带造成损伤。

拓展训练

一、倾听技能测试

请根据你的实际情况做出相应的选择：

1. 你觉得为什么需要倾听？

A. 便于有效反馈 　　　　B. 获取关键信息 　　　　C. 可以与别人分享

2. 如果你总喜欢打断别人的谈话，你认为是什么原因？

A. 观点和意见不一致 　　B. 想发表自己的观点 　　C. 对信息理解有偏差

3. 在倾听的过程中，你经常会表露出哪些身体语言？

A. 点头 　　　　　　　　B. 与谈话者保持目光接触 　C. 保持很好的坐姿

4. 你是否会经常分析谈话者的"话外之音"或"真实意思"？

A. 经常认真分析 　　　　B. 有时候会深入想一下 　　C. 从不这样想

5. 在倾听的过程中，你是否会先入为主？

A. 从来不会 　　　　　　B. 偶尔受心态影响会这样 　C. 取决于沟通的对象

6. 在倾听的过程中，你是否会有选择地倾听？

A. 不会 　　　　　　　　B. 有时根据自己的判断 　　C. 总想抓住关键信息

7. 你如何理解倾听？

A. 获取信息并准备反馈 　B. 认真听取讲话者的观点 　C. 倾听就是要听到

8. 在倾听的过程中，你会将主要的注意力放在哪儿？

A. 谈话者的观点 　　　　B. 谈话者的信息表达方式 　C. 谈话者本身

9. 在倾听的过程中，你如何面对谈话者的情绪？

A. 保持倾听不受影响 　　B. 对事不对人 　　　　　　C. 待其平静后再反馈

10. 在倾听的过程中，如果你的意见和谈话者不同，你会如何处理？

A. 继续倾听 　　　　　　B. 获取全面信息后发问 　　C. 反驳并表明观点

计分方式：选 A 计 3 分，选 B 计 2 分，选 C 计 1 分。

分析：

得分为 24 分以上，说明你的倾听能力很强，继续保持和提升；

得分为 15～24 分，说明你的倾听能力一般，努力提升；

得分为 15 分以下，说明你的倾听能力还比较薄弱，需要提升。

二、谈话训练

同学们组成 3 个人的小组，分别为说话者、倾听者、观察者。

说话者：谈论一件个人的事情。请谈论一个真实的问题，比如应当怎样安排即将到来的暑假生活。

倾听者：倾听说话者的谈话，给予咨询。

观察者：观察、指导倾听者的行为，并给予说话者和倾听者的反馈意见。

1. 说话者：思考自己想要表达的内容，有效、准确、简明地表达出来。

2. 倾听者：听取说话者的谈话，引导和控制谈话，不要劝诫，不要发表同意或者不同意的意见；倾听说话者的感情和需要。

3. 观察者：用具操作性的词语，对说话者和倾听者可以改变的因素、行为提出反馈意见。例如：说话者的表达不清楚，倾听者需进一步询问；倾听者应适当总结一下交谈进展，以便深入下去。

推荐阅读

《六度人脉》，作者：李维文

项目四　书面语言的沟通

项目情景聚焦

在人际沟通中，除了口头沟通外，书面沟通也是重要的沟通手段之一。在一些特定的情境下或是因特殊需要，书面沟通能够在人际沟通中发挥口头语言起不到的作用。只有了解和掌握口头语言和书面语言各自的特点及其沟通技巧，才能够在人际沟通中最大限度地发挥不同沟通方式的不同效用。

任务一

了解和掌握书面语言的特征和沟通要素

学习目标

知识目标：了解书面语言的特征及书面语言表达的要素。

能力目标：掌握书面语言与口头语言的异同，能根据沟通需要选择合适的沟通方式。

工作任务描述

小张是某公司新来的总经理助理。公司内部人际关系和谐，每个人都对新来的小张照顾有加，总经理更是对聪颖勤奋的小张充满了期盼和信任。五月的一个星期三，小张陪同总经理参加了集团的重要会议。回去的路上，总经理就相关工作对小张作了交代并对小张说："小张，回去你把会议内容和我刚才说的事情整理一下，然后涉及相关部门的整改事项通知他们三天内拿出整改方案发我邮箱，你利用周末整理一下，周一交给我。下周要开会讨论，事情重要紧急，一定不能出差错"。小张看着自己记录细致的会议内容和领导意见，充满信心地说："请您放心。"

第二天一大早，小张就电话通知了各个部门的部门负责人，部门负责人不在的，就委托了部门里的其他相关人员转告。

周六，小张跑到办公室加班。当她打开电脑的时候发现邮箱里只有一个部门发来的方案。她赶紧联系各部门负责人询问情况。可是，只有一个人接了电话，其他人的工作电话全部关机了。小张慌了神，忙向总经理汇报情况。总经理说："你通知到每个人了吗?"小张回答："通知到了呀!"总经理说："你先想办法继续联系，事情不能拖延。今天是周末，你可以请其他的同事帮忙找他们的私人联系方式。"整整一天，小张想尽了各种方法，费了好大的劲才陆续联系上相关人员，直到周一凌晨才终于把事情落实完成。

周一开会结束后，总经理把小张叫到办公室。"小张，重要事项的通知一定要是书面的。你的口头通知和叙述难免有遗漏和不准确的地方，找人传话也难免会有谬误。比如我说让他们三天之内发方案给我是为了周末有时间整理。他们说你通知的是本周之内，只要周一上班前提交就可以。而且提交上来的方案要点和细节的疏漏很多，为此大多方案都要调整或重做。甚至有人说没接到通知。我希望你总结一下在这个事情中的经验教训，以后不要再有类似情况的发生"。

问题及思考：

1. 在这个事情上，小张的经验教训是什么？

2. 如果你要是小张，你会如何完成领导交办的这项工作？

工作任务分解与实施

一、口头沟通和书面沟通的对比分析

1.口头沟通

口头沟通是指谈话、会议、讨论、演讲及电话联系等。它的最大优点就是快速、简捷和能够得到及时反馈。具体包括：

(1)能观察收讯者的反应，能立刻得到回馈，沟通快捷。

(2)对可能产生争议或是曲解之处有机会补充阐述及举例说明。

(3)可以用声音和姿势来加强沟通。

(4)有助于建立共识与共鸣，有助于改善人际关系。

缺点包括：

(1)通常不能保存，口说无凭。

(2)容易造成沟通双方对信息的不同理解，效率较低。

(3)不能与太多人双向沟通。

(4)表达容易受情绪和环境的影响。

(5)即时表达，不够准确严谨，容易疏漏。

(6)信息以口头方式经过多个层次传递时，信息衰减和失真严重。

2.书面沟通

书面沟通是比较正规的沟通形式，包括信函、通知、文件、协议书、备忘录、布告、报刊等以书面文字或符号进行信息传递的形式。书面沟通的优点是：

(1)在正式发表之前，可以反复琢磨修改，写作人可以从容地表达自己的意思。

(2)书面材料比较周密、逻辑性强，传达信息的准确性高。

(3)书面材料是准确而可信的证据，有形有据、可保存、可核对。

(4)书面材料可以不受时空的限制，实现不同时空的沟通。

缺点包括：

(1)信息的传递和接收需要耗费较多的时间，影响沟通速度。

(2)沟通一般都是单向的，很难即时反馈。

(3)经接收者的信息必须表达清楚、准确。

(4)书面语言沟通的信息传递表现在对词句的灵活运用、语法结构的贯彻、格式的准确把握等方面，对信息传递者的要求较高。

二、书面语言沟通的五要素

1. 目的意图

沟通指的是为了某个设定的目标，把信息、思想和情感，在个人或群体间传递，并且达成共同协议的过程。这个目标是沟通的前提。只有大家有了明确的目标才叫沟通。在沟通时，沟通双方必须明白沟通的目标是什么，才能围绕目标展开，以求达成协议。这也是沟通技巧在行为上的一个表现。沟通的目的分为发送或获取信息，获得反馈及意见，说服他人等等。

2. 接受对象

沟通对象即信息的接收者。信息要传送给谁，这是做好书面沟通必须明确的。面对不同的接受对象，会有沟通方式和沟通内容的不同选择，接受对象也会反过来对沟通过程和结果产生影响的。沟通对象是沟通过程的出发点和落脚点，因而在沟通过程中具有积极的能动作用。

3. 信息内容

沟通的核心就是信息内容。信息内容的全面与准确是有效沟通的重要基础。没有信息就没有沟通。沟通中的信息内容是由沟通的目的和沟通对象决定的。

4. 方式方法

在沟通中，信息的丰富性和情境的复杂性，会影响沟通的方式和方法。书面沟通讲究逻辑性和严密性，它往往是由文法、语法、逻辑、条理、语言组织、修辞等多种元素构成的。是否选择了恰当的方式方法是能否实现有效沟通的关键。

5. 时间安排

选择在什么时间沟通也是影响沟通效果的因素之一。而这个时间上的安排，往往与沟通的目的、对象、内容及方式有着重要的关联。

三、任务解决

在上述事例中，年轻的小张在接受了领导交办的工作任务后，首先应当对工作任务的内容和要求进行梳理。领导要求小张把任务发放给不止一个任务接受者，且每一个任务接受者的任务内容都有其不同之处。对象多，细节要求也多。电话通知容易造成信息接受者对信息的疏漏和曲解。同时，电话通知不便于记录和留存，很难明确究竟是小张没说清还是各部门负责人没听清，无法追究工作责任。因此，小张的经验教训是：在面对复杂信息沟通时，应当以书面形式进行，明确细节及要求，而不是口头通知。小张在此事件中应当如此处理：将整理好的会议记录及总经理提出的整改要求以总经理办公室的名义发出书面通知，明确任务接受者、工作任务和工作要求，对可能发生曲解的内容进行强调和注解，分别发送邮件，必要时可要求对方收悉时给予确认。

必备知识

一、书面语言沟通的优势

书面沟通形式虽然使用频率不如口头传递高，但是它传播的信息量最大，国际传播协会的调查研究表明：通过书面形式的信息通道所传递的信息量高于面对面的交流和电话交流。书面沟通在管理中有着其独有的优势：

一是具有准确性和权威性。口头语言的变化是非常快的，书面语言则相对稳定。书面语言落笔为证，具有唯一性和比较强的稳定性，因此在法律上和其他用途方面都具有比较强的权威性。在不同的场合与不同的人进行口头交流，即使一个记忆力非常好的人也很难做到每一次的交流都是完全相同的，而书面沟通可以给每一个人完全相同的信息。所以在商务活动中，与外部的各种契约合同和内部管理的各种材料大多采取书面的形式。

二是具有较强的规范性。在口头沟通中，不同的人表达同一事物采用的语言往往存在很大的差异，反之，同样的语言对不同的人来说可能表达了不同的含义。因此，要想达到有效沟通，对沟通者的背景就要有一定的要求。而书面语言则比较强调规范性，即同样的书面语言要表达相同的含义，不同的人也要尽量使用相同的书面语言。书面语言的规范性有效地保证了沟通的顺利进行。因此，一些困难或复杂的信息适合采用书面的形式来表达。

三是书面沟通形式适合于存档、查阅和引用。采取书面形式的信息可以长期保存，不受时间、地点限制；书面信息便于查阅和引用，并且在其传递、解释的过程中造成的失真也比较少。

四是有利于减少信息错误。书面沟通一般属于非同步沟通，信息的发出者和接收者使用信息的时间可以不同。发送者可以在发送信息以前进行比较充分的准备、核对和文字修改，以最大限度地减少错误和不恰当的表达方式。书面沟通还可以较好地将非常复杂的材料进行删改、提炼，使信息接收者更容易理解。

五是可以配合口头表达使用。以书面形式作为口头表达的参考可以减少口误，提高表达的流畅性。

六是书面沟通在某些情况下可能减少面对面沟通的摩擦。

总之，和口头沟通相比，书面沟通成本大，效率低，时间长；但是同时书面沟通却具有是非分明、防止扯皮、内容清晰可查、具体明确、具有证据力等众多优势。

二、书面沟通在管理活动中的主要运用

1. 布置工作和接受工作

在商务和政务沟通中，布置工作和接受工作是最重要的内容之一。工作布置者最不希望看到的就是接受工作的人做的结果不符合自己的初衷想法。为此，在布置工作和接受工作时有以下两点必须做到：(1)明确工作任务的内容和目标。为了让工作接受者更好地理解和执行工作任务就必须详细说明工作的内容是什么，要达成什么样的目标。(2)明确工作的要求。布置工作时，应当尽可能详细准确地说明工作的要求是什么，而接受工

作的人应当记录并严格按照要求开展工作。在具体的实践中，因为口头布置工作难免有疏漏或是表达不完整，布置工作的人往往会事先进行工作内容和要求的梳理并形成文字记录下来，以便传达。而工作接受者则会把接受到的相关信息形成文字记录保存，以便工作过程中查阅和对照。对于一些内容和要求都比较复杂的工作，则应通过书面语言给予传达。只有这样才能确保双方在信息沟通中不发生信息的疏漏和理解的偏差，也能够在工作执行中出现问题的时候，明确责任，有据可查。

2. 请示工作和汇报工作

下级向上级请求指示、批准，下级向上级汇报工作、反映情况、回复上级机关的询问属于党政机关和社会团体、企事业单位的经常性工作之一。这类工作广泛应用书面语言进行，也称上行文。这是为了使下级所要表达的内容和意思更加严谨和完整，也更有助于上级进行审阅和批示，为日后的工作提供依据。

3. 回顾工作和总结工作

回顾工作的意义是什么？回顾工作谈什么？总结工作为什么？意义在哪里？如何总结？这些内容往往不是三言两语可以说清说明，需要思路清晰，条理清楚。回顾和总结往往是为了今后的工作提供经验和借鉴，因此具有留存意义。只有通过书面形式才能更好地保存和查阅。

4. 联系工作和接洽工作

不同部门和不同单位间的工作联系和工作接洽会涉及不同业务、不同人员之间的信息传递。因为时空或是各自所属不同，这种信息传递很难通过面对面的语言交流实现。同时，为了各自事项审批和工作安排的需要，书面形式的沟通更能够有据可依，更能够促进工作的顺利开展。

5. 表彰和批评

对于先进或者错误，当需要号召或者警示当事人或更多人时，往往需要通过发文的形式引导和教育更多的人比先争优，远离谬误。

拓展训练

某社区一直有人反映周围施工工地、小区广场舞、住宅内电视音响声音过高等问题严重影响了社区居民的正常生活。高考前夕，来自考生家长的这种反映更加集中。为了给社区内的应考学生提供良好的复习条件，某社区准备号召社区上下防噪减噪。假设你是该社区工作人员，请你为社区的这项活动提出宣传建议（包括形式、对象、具体内容、时间等）。

推荐阅读

《个人与团队管理》(上、下册)，作者：霍尔默斯

任务二
掌握书面沟通的原则和方法

学习目标

知识目标：了解书面沟通的原则，掌握书面沟通的方法。

能力目标：能够在特定情境下，正确选择和使用书面沟通。

工作任务描述

一家广告公司到当地某高校招聘一名创意文案。要求中文专业或广告专业大学本科以上学历。思维敏捷，文笔优美，有合作意识和创新意识，有策划和创意工作经验者优先。

汉语言文学专业应届毕业生陈立向用人单位投递了制作精美的简历。她对自己充满了自信。首先，自己专业对口；第二，自小是学校的文体尖子。除了自小学习的小提琴屡获大奖外，自己文艺好，体育也好。在校园里的各类文体活动中都备受瞩目，广受赞誉。这届应届生中没有人比自己风头更盛了。

可是，两周过去了，用人单位没有给陈立任何回复。打电话到用人单位去问，才知道对方招聘的岗位已找到合适人选。经过打听，被录用的是本班一名叫岑艳的女生。陈立的心理失衡了。自己之前的人生够精彩了吧，为了把自己获得的成绩表现出来。单是简历后面附着的获奖证书都足足有二十几张。这个岑艳不管怎么看都没有自己这样优秀，为什么是她而不是自己呢？

陈立几乎是向身边的每一个人表达着自己心中的怨怨不平，猜测一定是岑艳和用人单位的某人关系"不一般"。默默承受的岑艳压力重重，终于忍不住告诉了辅导员王老师。王老师把陈立和岑艳叫到了办公室，在了解事情原委后，把自己的想法告诉了两位同学："陈立提交求职材料后，连面试的机会都没取得，那么，一定是陈立的求职材料有点儿问题。你们俩坐在一起，把各自的求职材料拿给对方看看，看能不能发现问题究竟出在哪儿？"

两位同学第二天就找了个机会交换求职材料来看，岑艳看到的陈立的求职材料是这样的：

尊敬的领导：

你好！

首先，真诚地感谢你从百忙之中抽出时间来看我的自荐材料。我叫陈立，是×××大学汉语言文学专业的应届毕业生。要应聘的是贵单位的创意文案。

我性格开朗，兴趣广泛，在整个大学期间都是忙碌而充实的。因为文体特长，我获得过多项省内外及学校的奖励，也担任了学校的文艺部部长。在上好本专业课程的同时，我几乎所有的时间都活跃在文艺舞台和体育场上。这种经历，给了我美好的大学时光，也给了我自信。

现在，对于我来说，面临着人生新的机会和挑战。因为我将走出校园，在一个更大的舞台上展示自己。在我的成长之路上，一路伴随着赞赏和鼓励，我相信，只要你给我一个机会，我一定不会碌碌无为，一定会让你看到我散发光彩。我将和您一起为公司的美好明天努力！

最后，祝贵单位事业蓬勃，万事顺意！

静盼佳音！

自荐人：陈立
××××年×月×日

问题及思考：
1. 你能从陈立的自荐书上看出陈立在求职材料的准备上存在什么问题吗？
2. 如果你是该用人单位的招聘者，什么样的求职材料会获得你的青睐？

工作任务分解与实施

一、掌握书面沟通的原则

1. 书写目的明确

从书写的角度来看，书面沟通的主要目的包括提出问题、分析问题、给出定义、提供解释、说明情况和说服他人。因而，书写者必须明确自己如何展开文件内容，需要传达什么信息，将信息传达给谁以及希望获得怎样的结果。

2. 信息传递准确完整

正确书写是书面沟通的重要原则，也就是说，写出的文章材料要真实、可靠，观点要正确无误，语言要恰如其分。尤其要明了书写的意图。正确传递想要传递的信息。完整地表达想要表达的思想、观点，完整地描述事实。这样在书写时就必须反复检查、思考，不断填补重要的事项。

3. 内容表达简洁

书面沟通中在正确传递信息的同时，应力求简洁。完整是为了表达想要沟通的重要方面，但不意味着要把所有的事实、观点都罗列在纸上。可以通过排序的方法，把不太重要的事项删除，也可以进行总结，把琐碎的，没有太大价值文字精简掉，使得文章言简意赅。

4. 书写格式清晰

在正确表达的基础上，应该力求清晰。清晰的文章能引起读者的兴趣，更能使读者正确领会作者的意图。要做到清晰，除了要选用符合文章的样式外，还应注意文章的整体布局。包括：标题、大小写、字体、页边距等。尤其是要留下适当的空白，若是把所有的文字都挤在一起，则很难阅读。如果是手写的，则不能潦草，因为这不仅影响阅读速度，还影响到读者对文章的理解。

二、了解求职材料准备的要求和技巧

求职材料是毕业生介绍自己的基本情况，向用人单位展示自己的各种说明性材料和证明性材料。主要包括两个组成部分：

1. 求职信

一封好的自荐信主要表述毕业生的主观愿望与专业特长，力争引起招聘者的注意，可以开门见山地告诉招聘者申请求职之背景；要自我推荐，让招聘单位明白自己的这些能力可以满足他们的需要，但没有必要做过分具体的陈述。应强调自己的能力和经验将会有助于该公司的今后发展；最后毕业生可以表达自己的期望和对用人单位的谢意等。自荐信应避免过于浮夸、过分谦虚缺少自信。

2. 个人简历

一份成功的个人简历，往往可以吸引读者的注意力，使读者从字里行间看到求职者的才华、优秀的成绩、强烈的事业心和责任心。

三、问题解决

在求职信的书写上一定要明确的问题就是：不同的用人单位对求职信有着不同的要求，不同的工作岗位对求职者的条件和要求也不尽相同，求职材料的准备上应当有针对性地表达自己的知识和能力能够胜任自己所要应聘的工作。在上述任务中，用人单位招聘的岗位是创意文案，看重的是求职者的思维敏捷，文笔优美，要求有合作意识和创新意识，可是陈立的求职材料强调和突显的是自己文体方面的特长，没有体现自己的能力专长与用人单位用人要求的匹配。此外，单位招聘的是技术人员，不应谈及自己多么好动，生性多么活泼。还有就是在推荐自己时应体现诚恳和谦虚，陈立的言辞中自信有余，谦虚不足。这些都与书面沟通的原则中书写目的明确，传达信息准确全面的要求不契合，没有形成有效沟通。而用人单位更希望在求职材料上看到的是求职者针对应聘岗位的要求作出的知识和能力说明。

必备知识

一、书面沟通的写作方法

1. 准备阶段

首先要分析读者。书面沟通与口头沟通最大的不同是不能够面对面地沟通和即时回馈。而是必须经过两个程序：写作和阅读。对于写作者而言，要向特定的沟通对象传递信息，使得沟通有效，一定要在写作开始前对读者进行分析。这种分析包括身份、年龄、性格、阅读水平和习惯等。只有了解读者，才能让写作更有针对性，才能让写作的内容更好地被读者接收和理解。

其次是确定主题。在任何沟通中，确定主题都是最重要的。主题贯穿全文，统帅全文，决定材料的取舍、结构的安排和语言的运用。主题明确，材料就容易取舍，结构就容易安排，语言就容易组织。沟通的形式和内容都是为主题服务的。书面沟通的过程中，写作者必须清晰地表达自己的想法和意图。所以，写作之前所有的准备都要围绕写作主题进行，不能"偏题跑题"更不能"不知所云"。

三是搜集资料，组织材料。在写作前，为了表达的准确和完整，我们通常会围绕写作目的和写作主题搜集资料。材料就是表现主题的载体和依据。材料是书面信息沟通的血肉，是写作的物质基础。在动笔之前，我们要对资料进行梳理和筛选，去粗取精，使得资料的运用能够更好地为表达主题服务。材料的筛选和组织要遵循以下原则：选用与主题密切相关的材料；选用真实和典型的材料。

2. 写作阶段

在资料整理组织完成后，就进入了文字信息的起草和修改阶段。书面沟通的文本通常由主题、材料、结构、语言四个要素构成。主题、材料属于沟通的内容，结构、语言属于沟通的形式。写作过程主要是对文本结构和语言的选择和组织。对文本结构的架构又称布局谋篇，目的是对文章内容进行组织和衔接。一个完整的书面文本应该包括开头和结尾、层次和段落、过渡和照应，要求完整、连贯、严密。在语言的使用上要用规范的书面语，不能用口语、方言，更不能生造词语；语句要符合语法规则和逻辑，不能出现病句或是逻辑错误；修辞上只能用适当的比喻、排比、设问、反诘等，避免使用夸张、暗示等容易造成误读的修辞，给阅读者造成理解的困难。

二、书面沟通中的阅读方法

写作是为了把信息准确全面地传递出去，而阅读则是接收和消化信息的过程。在书面信息的接收过程中，一般要经历以下四个步骤：

（1）了解内容。通常情况下，当某信息、想法、情感以书面形式传递给阅读者时，阅读者会首先概览。也就是不细读每一个词汇和语句，也不去关注其内在的逻辑和意义，只对其基本内容和框架有个大致了解。

（2）把握主题。在词汇和语句中找到关键词或是中心语句。这往往是写作者主要意图的表达，沟通目的正在其中。

（3）思考分析。在明确写作者的写作意图后，在书面文本中找出与写作主题相关的线索和内在的逻辑关系，并结合自己的理解对沟通事项作出思考和分析。

（4）整理澄清。剔除文本中的无关信息或边缘信息，通过思维过程，清晰、准确、完整地进行信息的接收。

三、如何实现写作与阅读双方的心理共识

1. 正确运用写作语气

一是语气可以揭示撰写者对待读者的态度。语气很微妙，它不仅受到文化和习俗的影响，而且有时还受到权力的影响。如上级对下级的表达，反过来用于下级对上级时会显得傲慢无礼。正确的语气不仅有助于读者正确理解，而且还有利于展示拟定者及其组

织的良好形象，保持良好的声誉，从而建立与读者的良好关系。正确的语气应遵循以下原则：专业但不僵硬；友善但不虚伪；自信但不傲慢；礼貌但不卑微。

2. 文字组织原则与技能

受众导向的文字组织原则包括三个方面：一是受众对信息的第一反应会是什么？二是受众到底需要多少信息？三是以何种方式编辑信息以激发受众兴趣？

受众对信息的第一反应会是什么？是否值得看。受众认为有用，不但会认真看，还会积极采取行动。认为与自己没有关系，或没有兴趣，就会将之束之高阁；如何让受众感兴趣？用主题句或在首段向受众昭示信息的重要性以及与受众的相关性。把应付诸实施的内容尽量简化。为使信息内容得以实施，设定一个可行的截止日期。信息越短越好。

受众到底需要多少信息？①受众对于讨论的主题知道多少？如果提供的信息是新的内容，必须做到：通过下定义、概念解释、举例子等方法将主题表达清楚；将新的信息与受众已有的常识相联系；通过分段或加小标题的方式使信息易于理解；用文件草稿在传递对象的抽样人群中进行试读，看他们是否领会和运用你所写的内容。②受众对信息主题的常识来自平时的阅读还是个人经验？从亲身体验直接掌握的知识往往比间接从书本中学到的知识更实际、更可信；尽管有些人会把这些经验视为例外、谬论或侥幸，我们自己则会视之为将来更好地开展工作的基础；要想改变受众对某一信息的认知，必须在表达的信息中先对受众的早期认知予以认可。用理论、统计数据说明长期和短期效果之间的差别，或证明受众的经验哪些不适用。在不伤面子的前提下，提示受众情况已经发生变化，态度和方法也要有相应的变化。需要提供哪些信息？为了弄清楚受众所需要借助的信息背景，要做好：用"如你所知"或"正如你记得的那样"之类的字样开始提醒对方有关的信息，避免让对方觉得你认为他们根本就不懂你在说什么；把已为大家接受的或显而易见的内容放在你的句子中；需要提示的内容过长时，可以用加小标题、单独成段或列入文件和备忘录等形式表达。

以何种方式编辑信息以激发受众兴趣？激发受众兴趣的首要切入点：如何减少受众的抵触情绪？消除受众的负面反馈可能给沟通带来的困难，因为如何让消极受众转化为中立受众，甚至积极受众，是沟通中最困难的。如何激发兴趣呢？首先要考虑的是受众会持哪些反对意见，其次要注意受众对于文章的语言、结构和格式的偏好。①要站在受众的立场给他们提供积极信息。具体策略：把好消息放在第一段；把受众可能得到的好处甚至放在好消息之前；开头先讲你们之间的共同点和一致之处；在讲双方之间的一致之处时，不妨向受众提供你们共同的经历、兴趣、目标和价值观。因为一致的感受有时比文件的内容更能说服对方。具体在沟通相互之间一致点时建议采用生动、短篇、有趣的故事谈论你们的共同之处，写作风格尽量友善、非正式，文章结束语和敬称等要让受众感受到在群体中的归属感；观点要清楚明确；不要使用煽动性的言论；减少说明等内容的篇幅，若可能，在下次沟通时再提出此类内容；说明你的建议是现有的最好的解决办法，当然这也不是十全十美的。②注意文章的语言、结构和格式。在信息的编辑时，要注意受众对于文章的语言、结构和格式的偏好。在做法上要考虑以下五个方面的问题：受众喜欢何种写作风格；避免使用激进或禁忌的词汇令受众产生反感；了解受众所需信息的具体程度；根据受众个性和文化背景的不同，选择直接的或间接的信息结构；根据受众对于表达方式（长度、版式、脚注）的偏好编辑文字。

四、书面沟通障碍

因为书面沟通的间接性，很容易造成写作者和阅读者之间对沟通意图和沟通内容的解读不一致。这种不一致会影响到信息的有效传递，造成沟通的失败。造成书面沟通障碍主要有两个方面的原因。

1．主观方面的原因

(1)个性心理差异引起的沟通障碍。

(2)知识、经验水平、文化背景的差距引起的沟通障碍。

(3)沟通能力缺陷引起的沟通障碍。

2．客观方面的原因

(1)信息沟通渠道和沟通方式选择不当引起的沟通障碍。

(2)组织结构不合理引起的沟通障碍。

(3)信息沟通过量引起的沟通障碍。

(4)沟通环境的影响。

五、如何提升书面沟通能力

书面沟通对于书面语言的逻辑性要求较高。因此，选择书面语言进行沟通时，需要有效率的思考。首先，对于写作者而言，下笔之前要理清思路，梳理词句。对于阅读者而言，则需理解词句的意思，找到各个部分的逻辑关系，并通过思考寻求沟通的目的和关键。这都与口头沟通有所不同。通常情况下，想要进行良好的书面沟通，写作者需要做到以下几点。

1．写明一件事

想要清晰地写明一件事，必须写明几个要素：时间、地点、人物、是什么、为什么、怎么样。只有这样，才能让沟通对象掌握事情的关键要点，并能通过对事情的解读找到事情背后传递的意义和作用。

2．明确沟通目标

不管是什么样的书面材料，一定有它主要传递和表达的中心思想和主要目的，而其他的部分则都是围绕这个主要目标服务的。想不明白就说不清，说不清楚就做不到。在日常的沟通中，写作者常常会自己都无法在第一时间确定沟通目标。这是因为写作时语料太多，事项繁杂，需要梳理和思考。这时，我们应当采用"层次分析法"，即通过对各种语料和事项进行分析，发现共同点，然后再对共同点进行提炼和总结，最后确定最核心的部分。

3．书面沟通中要进行身份定位并对沟通的对象进行分析

当我们跟一个人沟通的时候，在我们内心里面，就给了对方一个身份定位了。这个定位合适吗？有利于达成良好沟通的结果吗？如何检视这个定位呢？我们要沟通的对象是谁？他的价值观中最重要的是什么？知道了这个，我们就能够运用符合对方思维习惯的方式，和他达成良好效果的沟通了。

4．设计内容架构

任何一篇文章，都需要一个很好的架构。不同的架构给人的感觉迥异，让自己的书面沟通的内容架构更加合理能够极大地影响沟通的效果和效率。这当中既有着文章内容的逻辑结构也有着表达的需要，更会受到文体的影响。

掌握架构之后，就好像有了一个毛坯房，而内容就像内部装修一样。把不同的内容放在合适的位置，这份书面沟通就标准而通俗易懂了。

5. 词汇的共性与个性妙用

同样一个意思，有着多种的表达方式。让自己的文字更具亲和力、更有效地传递信息不仅是一种技能，也是一种技巧。

6. 有效地运用语言模式

有效的语言模式，是高效书面沟通的前提。常用的语言模式包括：

(1)合一架构法。

(2)预先框示法。

(3)假设法。

(4)提示引导法。

(5)注意力转移法。

(6)潜意识说服法。

(7)因为所以法。

拓展训练

学社工的亚华通过选调到某乡镇工作。刚刚步入工作岗位的亚华对工作充满了热忱，迫切地希望以己之长作出一些成绩。报到没多久，亚华就向领导提出了把专业社工理念和方法引入当地农村地区社区服务的设想。领导对亚华的想法给予肯定，让他在充分调研的基础上拿一份具体的方案出来。

受到鼓励的亚华很快赶制出一份包括主观和客观回答共 100 道问题的调查问卷，准备随机抽取 100 户进行调查。调查问卷发到各村去了，可是十天后，回收的有效问卷却连三分之一都不到。就是有效的三分之一中对主观问题的回答都只有一两个字。亚华很失落，是自己的问卷设计有问题还是被调查的村民有问题呢？

问题及思考：
你能帮亚华找到调查失败的根本原因吗？

推荐阅读

《管理沟通》，作者：杰拉尔丁·E. 海因斯

任务三
学习运用信函进行沟通

学习目标

知识目标：了解常用信函包括哪些，在写作中的要点是什么。
能力目标：掌握常用信函写作要求和技巧。

工作任务描述

　　一对新人在当地的一家知名酒店预订了二十桌婚宴宴请亲朋好友。但是，婚礼当天来赴宴的人却比预计多了许多。看到许多宾客无处安坐，新人赶忙请酒店加席五桌。但是因为当天酒店所有桌席全部被预订，酒店拒绝了新人的加席要求，为此造成了部分宾客不得不中途离开，不欢而散的局面。事后，新人以书面形式对酒店提出了限期给予赔偿的要求。

　　问题及思考：

　　1. 在接到这封书面信函后，酒店方该如何应对？

　　2. 如果酒店要传递给客人的信息是责任不在酒店，酒店不能给予赔偿。如果客人为此做出有损酒店正常运作或是有损酒店声誉的事情将承担相应的法律责任。但是又不希望和对方打口水仗互相指责而激化矛盾，给予客人的书面答复应该包括的关键要点有哪些？

工作任务分解与实施

一、书面沟通中拒绝的方法和技巧

(1) 为拒绝事项的提出设置铺垫，运用缓冲语表示感谢、赞扬、同意或理解等。

(2) 引向拒绝事项并表达拒绝意见。

(3) 对拒绝事由作出解释。

(4) 为事件相关问题作出积极表达。

(5) 做出减少负面影响的陈述。

二、问题解决

书面沟通是一种比较正式的沟通方式。上述任务当中的客户方采用书面信函方式表

达自己的意愿和要求体现了其对事件的重视，表现出了一定的沟通意愿和沟通能力。因此，当酒店收到这份书面索赔信后，应当以书面形式对客户所提事项及要求作出回复和回应。首先，应当对客户婚礼当天遭遇的情况及其心理上不能接受渴望有人承担责任的心情表示理解。然后明确表达不能给予赔偿的意见并对拒绝做出解释。比如说：酒店宴席一般都是提前备席，提前备菜，事发时无条件帮助客人迅速解决宾客就餐问题。且问题出现的根本原因在于客人对宴席人数预算出现偏差，服务合同中酒店方所承担的服务事项都得到了保质保量的落实，酒店无过错。从酒店管理的角度，无过错事项是无法做出赔偿的。之后，还可告知对方如若对此事件责任有异议可以向有关部门反映，对于解决问题有帮助的事酒店愿意配合。最后提出感谢所有为酒店提出意见和建议的人，酒店方会更好地服务于客人，同时表示如果愿意，酒店愿随时为对方提供优质服务。

必备知识

常用书面沟通信函的写作要点

类型	写作要点
肯定性信函：同意某种请示，消除负面影响，提供一个机会或者是一些好消息。	①直截了当地告知好消息，综述要点 ②列出细节和背景资料 ③积极说出可能的消极因素 ④阐明读者受益处 ⑤结尾充满友善、积极、关怀和期待
否定性信函：对要求的一种否定，提出批评或者是告知一个坏消息。	①缓冲语开头，以自然渐进的方式叙述，为受信人接受坏消息先行铺垫使之有思想准备 ②明确而婉转地陈述坏消息并给出令人信服的理由 ③有益的、友好的、积极地结束，减少坏消息的影响
说明性信函：向读者说明情况，便于读者了解有关信息。	①陈述主要观点 ②提供背景资料 ③列举有关细节 ④结尾表明友善及乐意提供帮助
指示性信函：指示他人进行某项工作，开展某些活动，同意你的见解。	①开头对受信人应具有吸引力，要生动，使人产生兴趣 ②表述事实、要求或建议，当这些与某种利益相关时，使收信者屈从 ③清楚地指示收信者如何去做，鼓励克服困难，尽快完成任务
劝说性信函：推销某个观点、某种产品、某项服务或你自己，努力改变读者态度。	①吸引注意力，激发兴趣 ②阐明益处 ③明确行动步骤 ④友善结尾

拓展训练

　　牟林刚刚应聘到某报社。上班的第二天，主编就找牟林谈话，请牟林谈一谈对报社现在发行的报刊的评价和建议。牟林其实对该报刊的制作和发行是有一些个人的想法的，但是一时间不知道该如何表达。他不知道主编的用意是什么，究竟是表达真实的想法好呢还是只是做个样子就好呢？主编看到牟林为难的样子，微笑地说："这样吧，你好好看看咱们的报纸，然后回去想好了之后，写一份书面材料给我吧。"

　　如果牟林想要向主编传递的意思是对报刊的评价大体还好，但是排版和内容的选择上不太理想。他该如何写这份书面材料呢？

推荐阅读

　　《赢在沟通》，作者：汤皓中

任务四

学习运用事务性文书进行沟通

学习目标

知识目标：了解常用事务性文书包括哪些？各自的写作要点是什么？

能力目标：掌握常用事务性文书写作要求和技巧。

工作任务描述

××公司销售部三季度工作计划

二季度工作圆满收官，三季度工作即将开始。现将销售部三季度工作计划公布如下：

一、工作目标

1. 销售额上涨 30%。

2. 团队成长显著。

二、具体安排

1. 销售部全体成员分组进行内部 PK，季度总结时销售额领先的小组将会获得额外奖励。

2. 销售部全体成员都要完成个人保底销售额。若小组中有成员未完成，则全组销售提成总额减少 10%。

望各位尽心尽力，为实现本季度工作目标而努力！

问题及思考：

1. 你能指出这份工作计划的问题吗？

2. 一份完整的工作计划应该包括哪些核心内容？

工作任务分解与实施

一、计划的特点和作用

计划是单位或是个人对今后一段时间的工作或其他活动的目标、措施、步骤预先拟制的事务性文书。具有预见性、指导性和事前性。计划的作用主要包括：

(1)激励与约束作用：激励个人或单位成员的积极性和创造性，约束单位成员或个人的消极行为。

(2)统一与协调作用：单位计划有助于统一员工的思想和行动，便于协调部门之间的资源。

(3)总结与评估作用：计划便于对照该时间段工作指标完成情况，便于总结经验与教训。单位计划往往可用于上级检查评估下级的工作成效。

二、制订计划的原则

(1)符合政策、协调平衡。

(2)调查研究、集思广益。

(3)主次分明，切实可行。

三、计划的结构

计划可分为文章式和表格式两种。大体由标题、正文、落款部分组成。

(1)标题：标题通常由"单位名＋适用期限＋计划种类＋文种"构成。在内部使用时，也可省去单位名。

(2)正文：正文的开头一般需表明计划的目的和依据，主体部分应包括目标、措施、步骤。结尾通常是发出号召，鼓励斗志，也可省略。

(3)落款：计划单位和计划日期。如标题中有相关内容可省略。

四、问题解决

工作计划是常用事务类文书中的一种，是管理活动中常见的信息传递方式之一。主要作用是激励和约束，并且有利于推进工作，便于总结评估。在计划的制订中，最重要的是能够有针对性地指导人们第一步该做什么，第二步该做什么，按部就班，确保计划目标的实现。在上述任务中，工作目标有二：一是可量化的销售额；二是不可量化的团队成长。第一，团队成长这样的目标是个笼统而不易衡量的目标，在工作计划中很难被执行。第二，在这个计划中，缺乏具体的措施和步骤，员工在解读这样的工作计划时只能看到目标及达不到目标会怎样，而看不到下一步自己究竟该怎么做。这样的工作计划自然很难体现出统一思想行动和相互协调的作用。因此，一份可被执行的计划，应当包括的核心内容不仅有为何做，做什么，还应包括怎样做。

必备知识

一、事务类文书的特点及作用

事务类文书是个人或单位为了发展交往、谋划事业、强化管理、部署会议而制作的文书，也常常被称为业务文书。事务类文书具有事务性、广泛性和灵活性的特点。

事务类文书主要用于贯彻政策、规范行为、沟通情况、交流信息、认识过去、指导工作。

二、常用事务类文书及其写作要点

文种	写作要点
倡议书	1. 倡议书由标题、倡议对象、正文、落款、附注五部分构成。 2. 倡议书中应写明倡议的原因和意义、倡议的内容、提出号召。
申请书	1. 由标题、主送机关、正文、结语、附件、落款、附注七部分构成。 2. 申请书的主要内容是申请的缘由和依据以及申请的事项。 3. 申请的主送机关只能有一个。
启事	1. 启事由标题、正文、附启、落款四部分构成。 2. 启事中要写明启事的缘由、事项。 3. "启事"不能写成"启示"。
总结	1. 总结由标题、正文、落款三部分构成。 2. 总结的正文部分的主要内容包括：回顾基本情况、列出主要成绩或经验、指出存在的问题和教训、提出今后努力的方向。
简报	1. 简报由报头、报核和报尾三部分组成。 2. 简报的写作要求文字精练，篇幅简短，内容真实、准确、典型。 3. 一事一报。

拓展训练

请你写一份入党申请书。

推荐阅读

《应用文写作理论与实践》，作者：谢世洋

任务五
学习常用公文沟通

学习目标

知识目标：了解常用公文包括哪些？掌握常用公文在沟通中的意义和作用。

能力目标：了解和掌握常用公文的写作要求和方法。

工作任务描述

××职业学院旅游专业关于举办导游职业技能大赛的请示

学院院务委员会：

为了秉承职业教育"在学中做"、"在做中学"的理念，也为了选拔优秀学生参加全国职业技能竞赛，我专业拟举办导游职业技能大赛。具体事项如下：

一、比赛时间、地点

5月是充满着色彩与活力的季节，我们准备把比赛时间定在5月10日至12日期间。地点：学院技能拓展中心。

二、竞赛方法

1. 比赛面向旅游专业全体学生采用自愿报名原则。

2. 比赛将分预赛、复赛、决赛三个阶段进行。

3. 比赛设一、二、三等奖和优秀奖。我们的想法是：凡是进入决赛的同学都给予优秀奖，这是为了鼓励那些勇于展现自己的学生。

三、经费开支

总预算为15000元，拟向学院申请专项经费。

旅游专业拥有一支团结优秀的教师队伍，我们的学生也一向表现得积极出色，我们坚信一定可以组织和实施好这一次比赛。请一定给予批准。

××职业学院旅游专业教研室
××××年×月×日

问题及思考：

你能发现这份请示中存在的问题吗？

工作任务分解与实施

一、掌握公文的表达方式

以说明、叙述与议论为主，一般不用抒情。

1. 叙述

叙述指对人物或事件的发展变化过程进行叙说和交代的一种表达方式。采用叙述表达方式时应注意把叙述的六要素即人物、时间、地点、事件、原因、结果交代清楚。

(1)公文中的叙述主要是反映情况，提出问题，介绍发文机关作出的决策、制定的政策、提出的意见和要求以及相关的背景、原因、依据等，让读者对当前的形势、动态、问题、矛盾和解决问题、化解矛盾的政策措施，有一个正确的判断和理解，从而提高贯彻执行的自觉性。

(2)公文中的叙述一般比较简明、概括，只要把事物的概貌讲清，能说明发文的主旨即可。

(3)公文要求按照时间发生的顺序或对事物进行综合、扼要的叙述，开门见山，不设悬念。

2. 议论

议论指运用概念、判断和推理的思维形式阐明事物的内在联系，揭示事物本质和规律的一种表达方式。包括论点、论据和论证三个要素。

(1)公文的议论并不都是完整的议论。它往往用简单的结论性、论断性的语言说明自己的观点。

(2)公文的议论一般比较客观、冷静，不带或少带感情色彩。

(3)公文的议论往往不是纯粹的议论，常带有叙述或说明的成分，或是夹叙夹议，或是叙述、议论、说明的综合使用

3. 说明

说明指用简明扼要的文字，对事物的形状、性质、特征、原理、规律、作用等进行阐释的一种表达方式。包括解释说明、分类说明、比较说明、数据说明、举例说明、图标说明等。

(1)公文说明仅限于党的路线方针政策和社会管理方面的事物。

(2)公文说明的目的是治理国家，管理社会。

(3)公文的说明比较抽象、概括和简要。

二、了解公文的语言规则

(1)公文需使用规范的书面语言。

(2)公文只要求内容上明确而通顺，形式上平衡而匀密，庄重平实，不作生动形象的修辞。

三、问题解决

在上述公文中，撰写者在行文中的语言使用上不够平实庄重，出现了许多带有感情

色彩的字眼，这些不符合公文的要求。

必备知识

一、公文的种类

《党政机关公文处理条例》规定：公文种类主要有 15 种。其中上行文两种：报告、请示；平行文两种：议案、函；下行文七种：决议、决定、命令、通知、批复、意见、纪要；公布文四种：公报、公告、通告、通报。

文种	适用范围
报告	适用于向上级机关汇报工作、反映情况，回复上级机关的询问
请示	适用于向上级机关请求指示、批准
议案	适用于各级人民政府按照法律程序向同级人民代表大会或者人民代表大会常务委员会提请审议事项
函	适用于不相隶属机关之间商洽工作、询问和答复问题、请求批准和答复审批事项
决议	适用于会议讨论通过的重大决策事项
决定	适用于对重要事项作出决策和部署，奖惩有关单位和人员，变更或者撤销下级机关不适当的决定事项
命令	适用于公布行政法规和规章、宣布施行重大强制性措施、批准授予和晋升衔级、嘉奖有关单位和人员
通知	适用于发布、传达要求下级机关执行和有关单位周知或者执行的事项，批转、转发公文
批复	适用于答复下级机关请示事项
意见	适用于对重要问题提出见解和处理办法
纪要	适用于记载会议主要情况和议定事项
公报	适用于公布重要决定或者重大事项
公告	适用于向国内外宣布重要事项或者法定事项
通告	适用于在一定范围内公布应当遵守或者周知的事项
通报	适用于表彰先进、批评错误、传达重要精神和告知重要情况

二、国家行政机关公文格式

GB/T 9704—2012

党政机关公文格式

1. 范围

本标准规定了党政机关公文通用的纸张要求、排版和印制装订要求、公文格式各要素的编排规则，并给出了公文的式样。

本标准适用于各级党政机关制发的公文。其他机关和单位的公文可以参照执行。

使用少数民族文字印制的公文，其用纸、幅面尺寸及版面、印制等要求按照本标准执行，其余可以参照本标准并按照有关规定执行。

2. 规范性引用文件

下列文件对于本标准的应用是必不可少的。凡是注日期的引用文件，仅所注日期的版本适用于本标准。凡是不注日期的引用文件，其最新版本（包括所有的修改单）适用于本标准。

GB/T 148 印刷、书写和绘图纸幅面尺寸

GB 3100 国际单位制及其应用

GB 3101 有关量、单位和符号的一般原则

GB 3102（所有部分）量和单位

GB/T 15834 标点符号用法

GB/T 15835 出版物上数字用法

3. 术语和定义

下列术语和定义适用于本标准。

3.1　字 word

标示公文中横向距离的长度单位。在本标准中，一字指一个汉字宽度的距离。

3.2　行 line

标示公文中纵向距离的长度单位。在本标准中，一行指一个汉字的高度加 3 号汉字高度的 7/8 的距离。

4. 公文用纸主要技术指标

公文用纸一般使用纸张定量为 60 g/m² ～ 80 g/m² 的胶版印刷纸或复印纸。纸张白度 80% ～ 90%，横向耐折度 ≥15 次，不透明度 ≥85%，pH 值为 7.5 ～ 9.5。

5. 公文用纸幅面尺寸及版面要求

5.1　幅面尺寸

公文用纸采用 GB/T 148 中规定的 A4 型纸，其成品幅面尺寸为：210 mm × 297 mm。

GB/T 9704—2012

5.2　版面

5.2.1　页边与版心尺寸

公文用纸天头（上白边）为 37 mm±1 mm，公文用纸订口（左白边）为 28mm±1mm，版心尺寸为 156 mm×225 mm。

5.2.2 字体和字号

如无特殊说明，公文格式各要素一般用 3 号仿宋体字。特定情况可以作适当调整。

5.2.3 行数和字数

一般每面排 22 行，每行排 28 个字，并撑满版心。特定情况可以作适当调整。

5.2.4 文字的颜色

如无特殊说明，公文中文字的颜色均为黑色。

6. 印制装订要求

6.1 制版要求

版面干净无底灰，字迹清楚无断划，尺寸标准，版心不斜，误差不超过 1 mm。

6.2 印刷要求

双面印刷；页码套正，两面误差不超过 2 mm。黑色油墨应当达到色谱所标 BL100％，红色油墨应当达到色谱所标 Y80％、M80％。印品着墨实、均匀；字面不花、不白、无断划。

6.3 装订要求

公文应当左侧装订，不掉页，两页页码之间误差不超过 4 mm，裁切后的成品尺寸允许误差±2mm，四角成 90°，无毛茬或缺损。

骑马订或平订的公文应当：

a)订位为两钉外订眼距版面上下边缘各 70 mm 处，允许误差±4mm；

b)无坏钉、漏钉、重钉，钉脚平伏牢固；

c)骑马订钉锯均订在折缝线上，平订钉锯与书脊间的距离为 3mm～5mm。

包本装订公文的封皮(封面、书脊、封底)与书芯应吻合、包紧、包平、不脱落。

7. 公文格式各要素编排规则

7.1 公文格式各要素的划分

本标准将版心内的公文格式各要素划分为版头、主体、版记三部分。公文首页红色分隔线以上的部分称为版头；公文首页红色分隔线(不含)以下、公文末页首条分隔线(不含)以上的部分称为主体；公文末页首条分隔线以下、末条分隔线以上的部分称为版记。

页码位于版心外。

7.2 版头

7.2.1 份号

如需标注份号，一般用 6 位 3 号阿拉伯数字，顶格编排在版心左上角第一行。

7.2.2 密级和保密期限

如需标注密级和保密期限，一般用 3 号黑体字，顶格编排在版心左上角第二行；保密期限中的数字用阿拉伯数字标注。

7.2.3 紧急程度

如需标注紧急程度，一般用 3 号黑体字，顶格编排在版心左上角；如需同时标注份号、密级和保密期限、紧急程度，按照份号、密级和保密期限、紧急程度的顺序自上而下分行排列。

7.2.4 发文机关标志

由发文机关全称或者规范化简称加"文件"二字组成，也可以使用发文机关全称或者规范化简称。

发文机关标志居中排布，上边缘至版心上边缘为 35mm，推荐使用小标宋体字，颜色为红色，以醒目、美观、庄重为原则。

联合行文时，如需同时标注联署发文机关名称，一般应当将主办机关名称排列在前；如有"文件"二字，应当置于发文机关名称右侧，以联署发文机关名称为准上下居中排布。

7.2.5　发文字号

编排在发文机关标志下空二行位置，居中排布。年份、发文顺序号用阿拉伯数字标注；年份应标全称，用六角括号"〔〕"括入；发文顺序号不加"第"字，不编虚位（即 1 不编为 01），在阿拉伯数字后加"号"字。

上行文的发文字号居左空一字编排，与最后一个签发人姓名处在同一行。

7.2.6　签发人

由"签发人"三字加全角冒号和签发人姓名组成，居右空一字，编排在发文机关标志下空二行位置。"签发人"三字用 3 号仿宋体字，签发人姓名用 3 号楷体字。

如有多个签发人，签发人姓名按照发文机关的排列顺序从左到右、自上而下依次均匀编排，一般每行排两个姓名，回行时与上一行第一个签发人姓名对齐。

7.2.7　版头中的分隔线

发文字号之下 4 mm 处居中印一条与版心等宽的红色分隔线。

7.3　主体

7.3.1　标题

一般用 2 号小标宋体字，编排于红色分隔线下空二行位置，分一行或多行居中排布；回行时，要做到词意完整，排列对称，长短适宜，间距恰当，标题排列应当使用梯形或菱形。

7.3.2　主送机关

编排于标题下空一行位置，居左顶格，回行时仍顶格，最后一个机关名称后标全角冒号。如主送机关名称过多导致公文首页不能显示正文时，应当将主送机关名称移至版记，标注方法见 7.4.2。

7.3.3　正文

公文首页必须显示正文。一般用 3 号仿宋体字，编排于主送机关名称下一行，每个自然段左空二字，回行顶格。文中结构层次序数依次可以用"一、""（一）""1.""（1）"标注；一般第一层用黑体字、第二层用楷体字、第三层和第四层用仿宋体字标注。

7.3.4　附件说明

如有附件，在正文下空一行左空二字编排"附件"二字，后标全角冒号和附件名称。如有多个附件，使用阿拉伯数字标注附件顺序号（如"附件：1. ××××××"）；附件名称后不加标点符号。附件名称较长需回行时，应当与上一行附件名称的首字对齐。

7.3.5　发文机关署名、成文日期和印章

7.3.5.1　加盖印章的公文

成文日期一般右空四字编排，印章用红色，不得出现空白印章。

单一机关行文时，一般在成文日期之上、以成文日期为准居中编排发文机关署名，印章端正、居中下压发文机关署名和成文日期，使发文机关署名和成文日期居印章中心偏下位置，印章顶端应当上距正文（或附件说明）一行之内。

联合行文时，一般将各发文机关署名按照发文机关顺序整齐排列在相应位置，并将印章一一对应、端正、居中下压发文机关署名，最后一个印章端正、居中下压发文机关署名和成文日期，印章之间排列整齐、互不相交或相切，每排印章两端不得超出版心，首排印章顶端应当上距正文（或附件说明）一行之内。

7.3.5.2 不加盖印章的公文

单一机关行文时，在正文（或附件说明）下空一行右空二字编排发文机关署名，在发文机关署名下一行编排成文日期，首字比发文机关署名首字右移二字，如成文日期长于发文机关署名，应当使成文日期右空二字编排，并相应增加发文机关署名右空字数。

联合行文时，应当先编排主办机关署名，其余发文机关署名依次向下编排。

7.3.5.3 加盖签发人签名章的公文

单一机关制发的公文加盖签发人签名章时，在正文（或附件说明）下空二行右空四字加盖签发人签名章，签名章左空二字标注签发人职务，以签名章为准上下居中排布。在签发人签名章下空一行右空四字编排成文日期。

联合行文时，应当先编排主办机关签发人职务、签名章，其余机关签发人职务、签名章依次向下编排，与主办机关签发人职务、签名章上下对齐；每行只编排一个机关的签发人职务、签名章；签发人职务应当标注全称。

签名章一般用红色。

7.3.5.4 成文日期中的数字

用阿拉伯数字将年、月、日标全，年份应标全称，月、日不编虚位（即1不编为01）。

7.3.5.5 特殊情况说明

当公文排版后所剩空白处不能容下印章或签发人签名章、成文日期时，可以采取调整行距、字距的措施解决。

7.3.6 附注

如有附注，居左空二字加圆括号编排在成文日期下一行。

7.3.7 附件

附件应当另面编排，并在版记之前，与公文正文一起装订。"附件"二字及附件顺序号用3号黑体字顶格编排在版心左上角第一行。附件标题居中编排在版心第三行。附件顺序号和附件标题应当与附件说明的表述一致。附件格式要求同正文。

如附件与正文不能一起装订，应当在附件左上角第一行顶格编排公文的发文字号并在其后标注"附件"二字及附件顺序号。

7.4 版记

7.4.1 版记中的分隔线

版记中的分隔线与版心等宽，首条分隔线和末条分隔线用粗线（推荐高度为0.35 mm），中间的分隔线用细线（推荐高度为0.25 mm）。首条分隔线位于版记中第一个要素之上，末条分隔线与公文最后一面的版心下边缘重合。

7.4.2 抄送机关

如有抄送机关，一般用4号仿宋体字，在印发机关和印发日期之上一行、左右各空一字编排。"抄送"二字后加全角冒号和抄送机关名称，回行时与冒号后的首字对齐，最后一个抄送机关名称后标句号。

如需把主送机关移至版记，除将"抄送"二字改为"主送"外，编排方法同抄送机关。既有主送机关又有抄送机关时，应当将主送机关置于抄送机关之上一行，之间不加分隔线。

7.4.3　印发机关和印发日期

印发机关和印发日期一般用 4 号仿宋体字，编排在末条分隔线之上，印发机关左空一字，印发日期右空一字，用阿拉伯数字将年、月、日标全，年份应标全称，月、日不编虚位（即 1 不编为 01），后加"印发"二字。

版记中如有其他要素，应当将其与印发机关和印发日期用一条细分隔线隔开。

7.5　页码

一般用 4 号半角宋体阿拉伯数字，编排在公文版心下边缘之下，数字左右各放一条一字线；一字线上距版心下边缘 7 mm。单页码居右空一字，双页码居左空一字。公文的版记页前有空白页的，空白页和版记页均不编排页码。公文的附件与正文一起装订时，页码应当连续编排。

8.　公文中的横排表格

A4 纸型的表格横排时，页码位置与公文其他页码保持一致，单页码表头在订口一边，双页码表头在切口一边。

9.　公文中计量单位、标点符号和数字的用法

公文中计量单位的用法应当符合 GB 3100、GB 3101 和 GB 3102（所有部分），标点符号的用法应当符合 GB/T 15834，数字用法应当符合 GB/T 15835。

10.　公文的特定格式

10.1　信函格式

发文机关标志使用发文机关全称或者规范化简称，居中排布，上边缘至上页边为 30mm，推荐使用红色小标宋体字。联合行文时，使用主办机关标志。

发文机关标志下 4 mm 处印一条红色双线（上粗下细），距下页边 20 mm 处印一条红色双线（上细下粗），线长均为 170 mm，居中排布。

如需标注份号、密级和保密期限、紧急程度，应当顶格居版心左边缘编排在第一条红色双线下，按照份号、密级和保密期限、紧急程度的顺序自上而下分行排列，第一个要素与该线的距离为 3 号汉字高度的 7/8。

发文字号顶格居版心右边缘编排在第一条红色双线下，与该线的距离为 3 号汉字高度的 7/8。

标题居中编排，与其上最后一个要素相距二行。

第二条红色双线上一行如有文字，与该线的距离为 3 号汉字高度的 7/8。

首页不显示页码。

版记不加印发机关和印发日期、分隔线，位于公文最后一面版心内最下方。

10.2　命令（令）格式

发文机关标志由发文机关全称加"命令"或"令"字组成，居中排布，上边缘至版心上边缘为 20 mm，推荐使用红色小标宋体字。

发文机关标志下空二行居中编排令号，令号下空二行编排正文。

签发人职务、签名章和成文日期的编排见 7.3.5.3。

10.3 纪要格式

纪要标志由"×××××纪要"组成，居中排布，上边缘至版心上边缘为 35 mm，推荐使用红色小标宋体字。

标注出席人员名单，一般用 3 号黑体字，在正文或附件说明下空一行左空二字编排"出席"二字，后标全角冒号，冒号后用 3 号仿宋体字标注出席人单位、姓名，回行时与冒号后的首字对齐。

标注请假和列席人员名单，除依次另起一行并将"出席"二字改为"请假"或"列席"外，编排方法同出席人员名单。

纪要格式可以根据实际制定。

11. 式样

A4 型公文用纸页边及版心尺寸见图 1；公文首页版式见图 2；联合行文公文首页版式 1 见图 3；联合行文公文首页版式 2 见图 4；公文末页版式 1 见图 5；公文末页版式 2 见图 6；联合行文公文末页版式 1 见图 7；联合行文公文末页版式 2 见图 8；附件说明页版式见图 9；带附件公文末页版式见图 10；信函格式首页版式见图 11；命令（令）格式首页版式见图 12。

37 mm±1 mm 天头

28 mm±1 mm 订口

7 mm

—2—

—1—

225 mm

297 mm

156 mm

210 mm

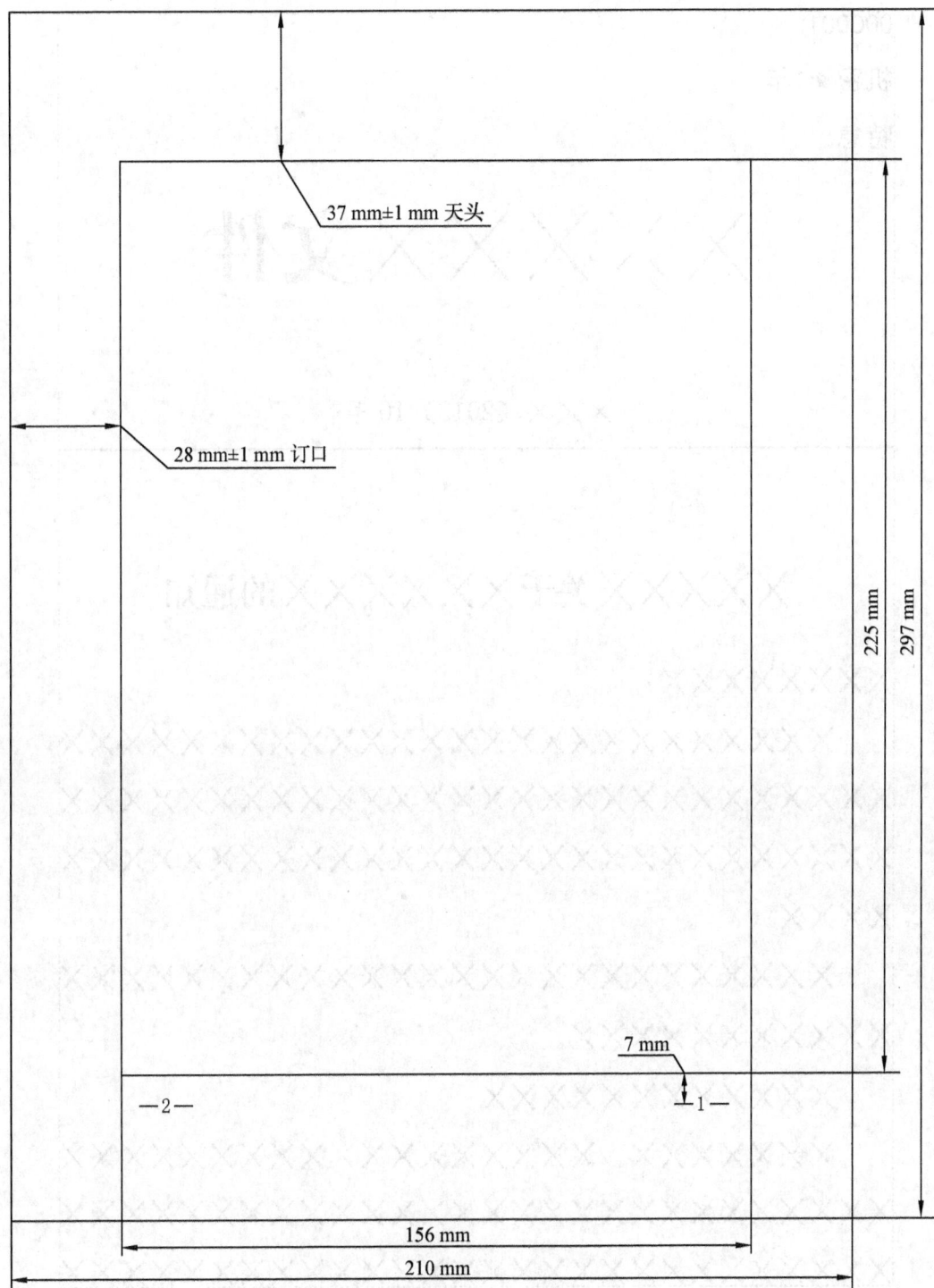

图1 A4型公文用纸页边及版心尺寸

000001

机密★1年

特急

×××××文件

×××〔2012〕10 号

×××××关于××××××的通知

×××××××：

　　×××××××××××××××××××××××××××

×××××××××××××××××××××××××××××

××××××××××××××××××××××××××××

××××。

　　××××××××××××××××××××××××××××

×××××××××××××。

　　×××××××××××××。

　　××××××。××××××××××××××××××××××

×××××××××××××××××××××××××××××

××××××××××××××××××××××××××××××××

图 2　公文首页版式

注：版心实线框仅为示意，在印制公文时并不印出。

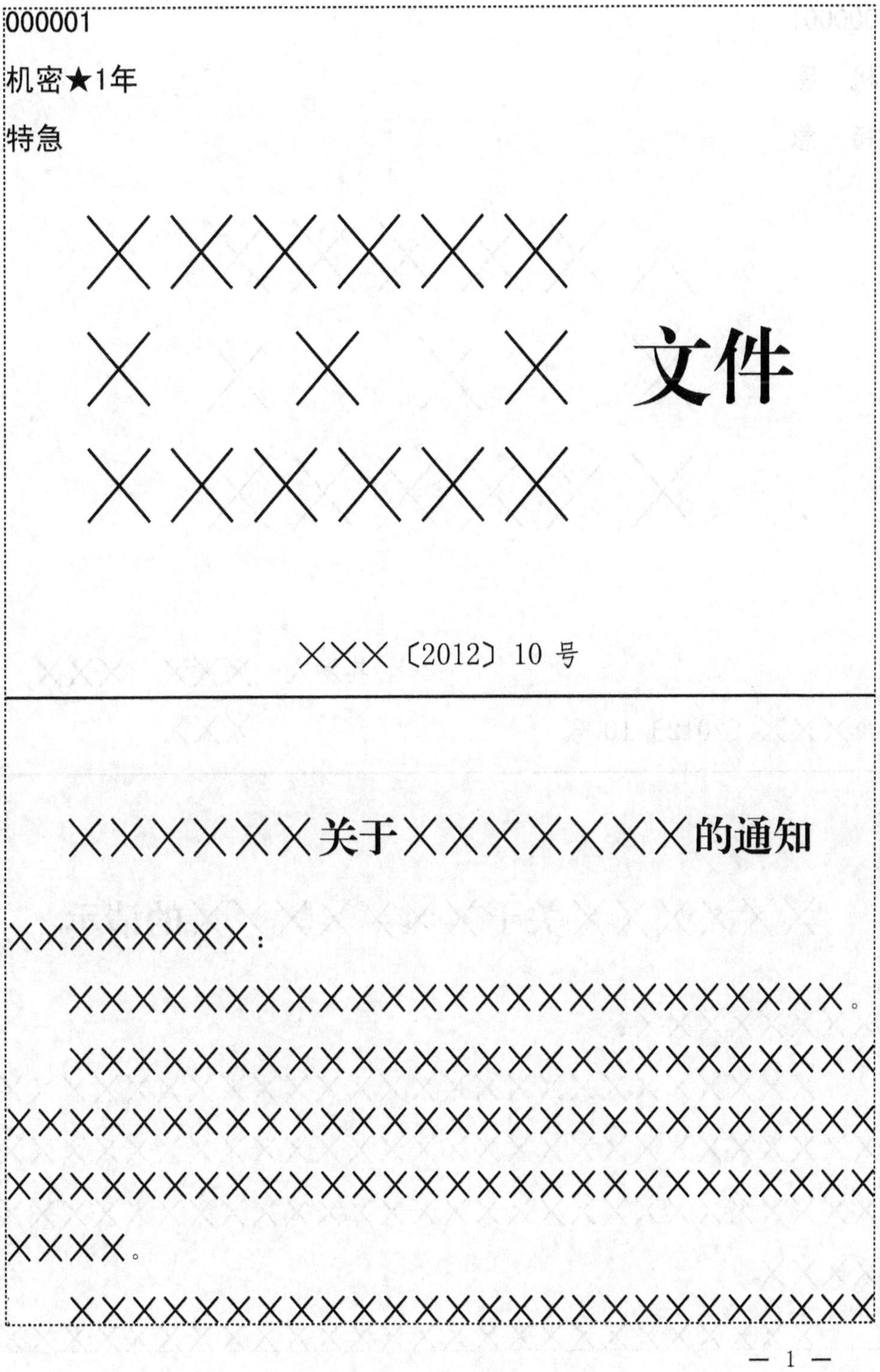

000001

机密★1年

特急

××××××

×　×　× 文件

××××××

×××〔2012〕10 号

××××××关于×××××××的通知

×××××××：

　　××××××××××××××××××××××××。

　　××××××××××××××××××××××××××

××××××××××××××××××××××××××××

××××××××××××××××××××××××××××

××××。

　　××××××××××××××××××××××××××

图 3　联合行文公文首页版式 1

注：版心实线框仅为示意，在印制公文时并不印出。

000001

机　密

特　急

$$\times\times\times\times\times\times$$
$$\times \quad \times \quad \times$$
$$\times\times\times\times\times$$

签发人：×××　×××

×××〔2012〕10 号　　　　　　　　×××

———————————————————————————

××××××关于×××××××的请示

×××××××××：

　　×××。

××××××××××××××××××××××××××××××

图 4　联合行文公文首页版式 2

注：版心实线框仅为示意，在印制公文时并不印出。

XXXXXXXXXXXXXX。

　XXXXXXXXXXXXXXXXXXXXXX

XXXXXXXXXXXXXXXXXXXX

XXXXXXXXXX。

中华人民共和国XXXX部

2012 年 7 月 1 日

（XXXXX）

抄送：XXXXXXXX，XXXXXX，XXXXX，XXXXX，

　　　XXXXX。

XXXXXXXX　　　　　　　　　　　2012 年 7 月 1 日印发

— 2 —

图 5　公文末页版式 1
注：版心实线框仅为示意，在印制公文时并不印出。

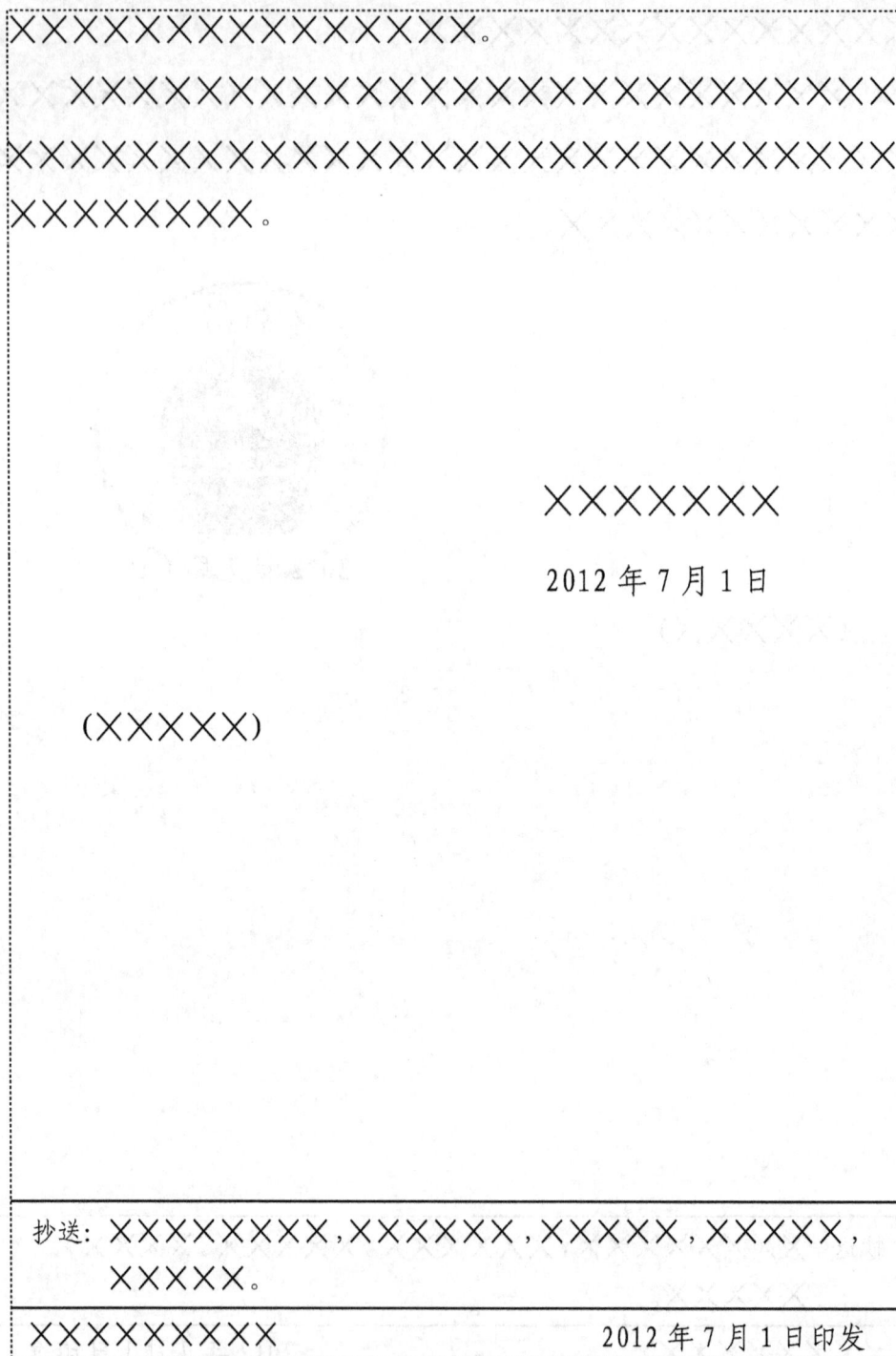

×××××××××××××××。
　×××××××××××××××××××××
××××××××××××××××××××××
×××××××。

　　　　　　　　　××××××
　　　　　　　　　2012 年 7 月 1 日

（×××××）

抄送：××××××××，××××××，×××××，×××××，
　　×××××。

××××××××　　　　　　　　2012 年 7 月 1 日印发

— 2 —

图 6　公文末页版式 2
注：版心实线框仅为示意，在印制公文时并不印出。

××××××××××××××××。
　××××××××××××××××××××××
××××××××××××××××××××××
××××××××××。

2012 年 7 月 1 日

（×××××）

抄送：××××××××，××××××，×××××，×××××，
　　××××。

×××××××× 　　　　　　　2012 年 7 月 1 日印发

— 2 —

图 7　联合行文公文末页版式 1

注：版心实线框仅为示意，在印制公文时并不印出。

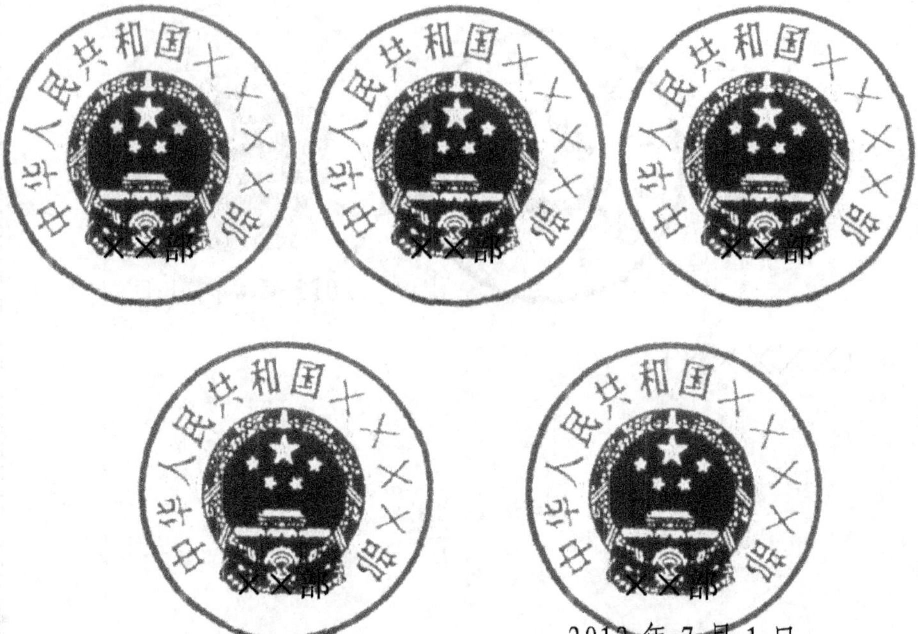

XXXXXXXXXXXXXXXXXX。

　　XXXXXXXXXXXXXXXXXXXXX
XXXXXXXXXXXXXXXXXXXXXXX
XXXXXXXXXX。

2012 年 7 月 1 日

（XXXXX）

抄送：XXXXXXX，XXXXXX，XXXXX，XXXXX，
　　　XXXXX。

XXXXXXXXX　　　　　　　　　　2012 年 7 月 1 日印发

— 2 —

图 8　联合行文公文末页版式 2

注：版心实线框仅为示意，在印制公文时并不印出。

××××××××××××××××。

　　××。

　　附件：1. ××××××××××××××××××××××
　　　　　　　×××××
　　　　　2. ×××××××××××

　　　　　　　　　　　　　××××××
　　　　　　　　　　　　　×　×　×　×
　　　　　　　　　　　　　2012 年 7 月 1 日

（×××××）

图 9　附件说明页版式

注：版心实线框仅为示意，在印制公文时并不印出。

附件 2

　　×××××××××××××

　　××××××××××××××××××2012年7月1日发
××××××××××××××××××××××××
×××。
　　×××××××××××××××××××××
××××××××××××××××××××××××××
××××××××××××××××××××××××××
××××××××××××××××××××××××
××××××××××××××××××××××××××
×××××××××××××。

抄送：×××××××，××××××，×××××，×××××，
　　　×××××。

×××××××× 　　　　　　　　　2012年7月1日印发

图10　带附件公文末页版式

注：版心实线框仅为示意，在印制公文时并不印出。

中华人民共和国×××××部

000001   ×××〔2012〕10 号

机　密

特　急

×××××关于××××××的通知

×××××××:

　　×××××××××××××××××××××××××
×××××××××××××××××××××××××××
×××××××××××××××××××××××××××
××××××××××××××××××××××××。
　　×××××××××××××××××××××××××
×××××××××××××××××××××××××××
×××××××××××××××××××××××。
　　×××××××××××××××××××××××××
×××××××××××××××××××××××××××
×××××××××××××××××××××××××××
×××××××××××××××××××××××××××
××××××××××××××××××××××××
×××××××××××××××××××××××××××
×××××××××××××××××××××××××××

图 11　信函格式首页版式

注：版心实线框仅为示意，在印制公文时并不印出。

××××××令

第×××号

××。

××。

部　长　×××

2012 年 7 月 1 日

— 1 —

图 12　命令(令)格式首页版式

注：版心实线框仅为示意，在印制公文时并不印出。

拓展训练

A 市 GY 大学将在一周后派出 12 人的代表团到 B 市 CS 大学进行学习交流。A 市 GY 大学办公室受命与对方书面接洽相关事项。假如你是该校办公室工作人员,请你选用合适的文种,并用恰当的格式和语言完成这个任务。

推荐阅读

《应用文写作理论与实践》,作者:谢世洋

项目五 非语言符号的沟通

项目情景聚焦

非语言符号是指不以人工创造的自然语言为语言符号，而是以其他视觉、听觉等符号为信息载体的符号系统。艾伯顿·梅热比曾经提出这样一个公式：沟通双方互相理解＝语调（38％）＋表情（55％）＋语言（7％）。美国学者 L. 伯德惠斯特尔认为，在两个人传播的场合中，有65％的社会含义是通过非语言符号传递的。由此可见，非语言符号在沟通中起着非常重要的作用。正确解读非语言信息，对于实现有效沟通具有重要意义。

任务一

理解和掌握沟通中的表情应用

学习目标

知识目标：能在沟通中正确利用表情促进有效沟通的实现。

能力目标：掌握沟通中表情的含义和作用。

工作任务描述

小王负责某项具体工作，该项工作面临上级的现场检查。在向分管领导汇报工作时，分管领导询问目前做了哪些具体工作，他在回答时眼神不坚定，时而眼神向左，时而眼神向右，时而向下，始终不敢直视领导。表情僵硬，甚至面部肌肉都在紧张颤抖。

问题及思考：

1. 通过小王的眼神和表情传达出什么信息？

2. 在人际沟通中，应该如何正确运用表情？

工作任务分解与实施

一、眼神

眼睛是心灵的窗户，它能够最直接、最明显、最真实地表现人的心理活动或状态，"眼睛与舌头所说的话一样多，不需要字典，却能从眼睛的语言中了解整个世界"。眼神是眼部整体活动的统称，在日常交流沟通中，人们往往借助于眼神传递信息。善于用自己的眼神以及正确解读他人眼神传达的信息非常重要。

沟通中眼神的使用需要注意时间、角度、区间、方式、变化五个方面。

1. 时间

在人际沟通中，注视对方时间的长短非常重要，一般来说，沟通中信息接收者要多注视信息发送者，以表示对对方话题的兴趣。

(1)表示友好。若对对方表示友好，则注视对方的时间应占全部相处时间的三分之一左右。

(2)表示重视。若对对方表示关注，例如听报告、听讲座、请教问题时，则注视对方的时间应占全部相处时间的三分之二左右。

（3）表示轻视。若注视对方的时间不到全部相处时间的三分之一，往往意味着对其瞧不起或不感兴趣。

（4）表示敌意。若注视对方的时间超过了全部相处时间的三分之二以上，往往表示对对方抱有敌意，或是为了寻衅滋事。

（5）表示兴趣。若注视对方的时间占全部相处时间的三分之二以上，有时还意味着对对方产生了兴趣。

2. 角度

在注视他人时，目光的角度对于眼神含义具有十分重要的影响。目光依据注视角度不同分为平视、侧视、仰视、俯视等。

（1）平视。也称正视，面向沟通对象，视线呈水平状态，平视传达出友善、诚恳、外向、自信等信息。一般适用于与身份、地位平等的人沟通。

（2）侧视。不正面对沟通对象，视线也呈水平状态，但是是斜视对方，斜视传达出轻视、不屑等信息。一般在沟通中应尽量避免。

（3）仰视。视线在斜向上，即居于沟通对象的低处，向上注视他人，传达出尊重、仰慕等信息，一般适用于与长辈和身份地位比自己高的人沟通。

（4）俯视。视线斜向下，即居于沟通对象的高处，眼神向下注视他人，传达出宽容、怜爱之意，但也表示轻视等。

3. 区间

与人交谈时，目光应该注视对方，注视区间应限定在对方额头至胸部以上位置。具体而言，在沟通中应根据与沟通对象关系、场合等选择更为恰当的注视区间。

（1）公务注视区间。公务注视区间一般用于洽谈场合，注视区间在以两眼和前额上部顶点组成的三角区域内。注视这一部位能够造成严肃认真、居高临下的效果，在沟通过程中容易掌握主动和控制权。

（2）社交注视区间。社交注视区间一般用于酒会、茶话会等场合，注视区间在对方双眼与嘴唇之间的三角区域。注视这一部位能够传递平等的效果，在沟通中赋予了友善、真诚的含义。

（3）亲密注视区间。亲密注视区间一般用于恋人、亲人之间，注视区域在两眼和胸部构成的梯形区域。注视这一区域有利于传达感情，表达爱意。

4. 方式

注视他人的方式有很多种，在这里我们主要介绍直视、凝视、盯视、虚视等常见方式。

（1）直视。直视即直接注视沟通对象，传达出认真、尊重、坦诚的信息。

（2）凝视。全神贯注地注视沟通对象，传达出专注、恭敬的信息。

（3）盯视。即目不转睛、长时间凝视沟通对象，传达出挑衅的信息。

（4）虚视。目光不聚焦于某处，眼神不集中，传达出胆怯、疑虑、疲惫等信息。

特别需要注意的是，眼睛传达的语言含义非常复杂，时间、角度、区间、方式等并非相互独立，相反，它们的结合才赋予了眼神丰富的内涵，因此在解析眼神含义时应多维度、全方位分析。

✓ **资料卡：眼神暗示的解析**

　　眼神暗示常见的表现形式有目光注视、眼睛凝视、目光回避、扫视、斜视和眨眼等。眼神暗示的沟通功能大致包括以下几种：

　　1. 专注作用。眼神能够反映出一个人的注意力集中程度及感兴趣程度。一般来说，瞳孔的大小能精确地反映出一个人对事物感兴趣的水平和对他人的态度。当兴趣强烈时，瞳孔会放大；当兴趣不大时，瞳孔就会缩小。

　　2. 说服作用。在沟通中，劝说者要使人感到真诚可信，必须与被劝说者保持目光接触。为了避免可信度明显下降，劝说者不能用欺骗的眼神经常向下看或者目光离开被劝说者。过度地眨眼或眼皮的颤动都会让对方怀疑。

　　3. 亲和作用。目光在建立、保持以及终止人际关系方面扮演着十分重要的角色，仅仅盯着某个人看只是一种感兴趣的表示，而注视则表明对对方很感兴趣，并允许对方获得关于自己的信息。

　　4. 调节作用。在谈话过程中，当双方关系紧张时，可以通过缓缓地眨眼或友善的眼神调解气氛。

　　5. 强力作用。人的目光举止不仅可以折射其地位高低，还能有效地反映出其领导潜力。低头和回避不敢对视的目光一般被看成软弱、屈从的标志，这类人领导能力不强。对目光的观察有助于管理人才的遴选和聘用。

　　6. 影响作用。当一个人很想了解另一个人在表达一种肯定的还是否定的情感时，可以通过观察对方眼睛的瞳孔加以判断。当所表达的是肯定的情感时，瞳孔就会增大，反之瞳孔则会缩小。

二、面部表情

　　表情是指面部表情，即脸上表现出来的喜、怒、哀、乐等复杂的情绪。面部表情最直接、最准确地展示出了人们的心理状态及其变化过程，是最微妙的人的"晴雨表"。在与人沟通时，要善于运用表情强化沟通效果。但是需要注意的是，表情作为语言的辅助工具，应该保持自然、真实。

　　在所有表情中，笑是面部表情中最主要的一种形式。笑有很多种，包括微笑、开怀大笑、歉意的笑、顽皮的笑等含友善的笑，也有嘲笑、假笑、冷笑、怪笑等失礼的笑。在所有种类的笑中，微笑是最自然、最大方和真诚友善的，是跨越所有国籍、语言而为所有人广为接受和认同的非语言。

　　在与他人沟通时，微笑是礼貌待人的基本要求。微笑具有以下几个方面作用：

　　(1)表现良好心境。真诚的微笑能表现出微笑者平和、愉悦的情绪，能体现出微笑者乐观、善良的心境。

　　(2)表现自信。微笑能表现出微笑者的不卑不亢、信心满满，是个人能力和魅力的展现。

　　(3)表现真诚友善。经常微笑的人给人一种友善、真诚的印象，同时反映出微笑者的内心善良和坦坦荡荡。

　　1948年，国际红十字会规定将国际红十字会创始人亨利·杜南的生日——5月8日定为世界红十字日。从1948年起，每年的5月8日，世界精神卫生组织把这天订立为"世界微笑日"，希望通过微笑促进人类身心健康，同时在人与人之间传递愉悦与友善，增进社会和谐。

微笑小故事：

在一个小镇上，有一个非常富有的富翁，但他很不快乐。有一天，这个富翁垂头丧气地走在路上，这时，走来一个小女孩，小女孩用天真的眼神望着他，给了他一个很甜美的微笑。这个富翁望着孩子天真的面孔，心中豁然开朗。为什么要不高兴呢，能像这样微笑该有多好啊！第二天，这个富翁离开了小镇去寻求梦想和快乐。临走前，他给了这个小女孩一笔巨款。镇上的人觉得奇怪，问这个小女孩，明明不相识的富翁怎么会送她一笔巨额的财富，小女孩天真地笑着说："我什么都没做，只是对他微笑而已。"

"只是对他微笑而已。"是啊，小女孩一个善意的笑，却换来了巨额的财富，实在令人难以置信。但是，这就是微笑的力量，小女孩的微笑点燃了富翁几乎化为灰烬的心灵，让他再一次有了希望，有了梦想，有了快乐。这世界上还有什么比梦想和快乐更重要呢？

三、任务解决

小王眼神不坚定，不敢直视分管领导，面部表情僵硬，都透露出他对于自己工作没有把握，缺乏自信。在与人沟通中，目光应该正视对方，同时最好面带微笑，这会让对方感受到你的友善、诚恳、自信和笃定。

拓展训练

一、眼神

职场面试时，非语言因素给考官的感觉对满意度的影响很大。有人对 52 名人力资源专家做过实验：让这些专家观看以前的面试录像，看他们是否决定让面试者参加第二轮面试。这些专家被分为两组，一组观看的是一个有许多眼神交流、显得精力旺盛的应聘者的录像，结果，26 个专家中有 23 个人邀请这个应聘者再次参加面试；另一组专家观看的是一个很少有眼神交流，表现的没什么活动的应聘者的录像，结果 26 个人中没有一个人请他参加下一轮面试。

二、微笑

在纽约证券交易所上班的斯坦哈德结婚 18 年了。这么多年来，从他起床到离开家的这段时间里，他很难对太太露出微笑，也很少说话，家里的生活很沉闷。他决定改变这种状况。

某天早晨梳头的时候，他从镜子里看到自己那种绷得紧紧的面孔，对自己说："你今天必须要把你那张凝结得像石膏像的脸松开来，你要展出一副笑容，就从现在开始。"

吃早餐的时候，他的脸上带着一丝轻松的微笑，跟太太打招呼："亲爱的，早！"她完全愣住了，可以想象，她是多么高兴。从那天起，他们家生活完全改变了。

思考并讨论：

1. 结合以上案例分析哪些外在的因素影响人的第一印象？
2. 你认为面部表情在人际沟通中有哪些作用？请举例。

推荐阅读

《管理沟通实务》，作者：杨序琴
《礼仪与沟通教程》，作者：宋莉萍

任务二
理解和掌握沟通中的肢体应用

学习目标

知识目标：掌握沟通中肢体语言的含义和作用。

能力目标：能在沟通中正确利用肢体语言促进有效沟通的实现。

工作任务描述

小王是新上任的经理助理，平时工作主动积极，且效率高，很受上司的器重。那天早晨小王刚上班，电话铃就响了。为了抓紧时间，她边接电话，边整理有关文件。这时，有位姓李的员工来找小王。他看见小王正忙着，就站在桌前等着。只见小王一个电话接着一个电话。最后，他终于等到可以与她说话了。小王头也不抬地问他有什么事，并且一脸的严肃。然而，当他正要回答时，小王又突然想到什么事，与同室的小张交代了几句……这时的老李已是忍无可忍了，他发怒道：难道你们这些领导就是这样对待下属的吗？说完，他愤然离去……

问题及思考：

1. 这一案例的问题主要出在谁的身上？为什么？
2. 假如你是小王，你会怎样做？

工作任务分解与实施

一、手势语

手是人体富有灵性的器官，是人心灵的触角和指向。在语言表达中，手势运用得准确、生动、形象，可以有效地帮助有声语言传情达意，烘托情感。

手势语，是说话者运用手指、手掌、拳头和手臂等动作变化，表达思想感情和传递信息的一种态势语言。在说话交流中，手势有着不可低估的作用，恰当地运用手势，对于加强口语的语势，补充口语的不足，表现说话者的体态形象，增强语言的说服力和感染力都有着重要作用。手势语是指用手指、手掌和手臂的动作和造型来表情达意、传递信息，是典型的动作语。由于手势语具有表情具体、意思鲜明、形象感强、动作幅度较大的特点，得体地运用手势语，会使讲话更有吸引力和说服力，具有美感，所以在口语交际中，手势在沟通中运用较多，是非语言的重要组成部分。在长期的社会交往实践中，人类创造了许多具有普遍意义的手势。罗杰·阿克斯特尔在《手势》一书中结合音乐教学，将手势语言分成三大类：（1）象形性手势语言。顾名思义，象形性手势语言就是用手上的动作模拟物状，给听者一种形象感觉，帮助听者理解和想象。例如我们在向他人描述苹果有多大多圆时，可以用手势比画一下，听者可能就知道它的大小和形状了。（2）示意性手势语言。示意性手势语言在歌唱教学和合唱教学中常被用到，它在促进师生交流的同时还可起到提示和警示作用。（3）评价性手势语言。评价性手势语言相信大家都不陌生，翘起的大拇指是表扬，热情的击掌是鼓励，双手插起是告诉孩子要三思……有时用手势来表达对学生的评价比语言更亲切、更含蓄。

在人际交往中，手势语大概分为四类：（1）情意手势，主要通过手势的方向、节奏、速度和力度的变化，来表达说话者的情感。这种手势语，主要用于带有强烈感情色彩的内容，其表现方式极为丰富，感染力极强。比如说"I Love China"时，用双手捧胸，以表示真诚之情。（2）指示手势，用于指明谈到的人、事、物及运动方向等。它的特点是动作简单，表达专一，一般不带感情色彩。指示手势有"实指"和"虚指"之分。实指涉及的对象是在场听众视线所能看到的。虚指涉及的对象是远离现场的人和事，是听众无法直接看到的。如当讲到自己时，用手指向自己；谈到对方时，用手指向对方。（3）象形手势，主要是用来模拟人或事物的形状、外貌，可使说明具体、直观。如说到高山，手向上伸；讲到人海，手平伸外展。这种手势常略带夸张色彩，不能机械地模仿，不能过分的夸张和有过多的表演痕迹。（4）象征手势，这种手势可以用来表达比较抽象的概念，如果能配合口语，运用准确、恰当，则能启发听众的思考，引起听众的联想，给听众留下鲜明的具体的印象。

另外，按照手势的活动范围来分，手势语可以分为上区手势、中区手势、下区手势三种：（1）肩部以上称为上区手势。手势在这一区域活动，一般表示理想、希望、喜悦、祝贺等。手势向内、向上，手心也向上，其动作幅度较大，大多用来表示积极向上的、慷慨激昂的内容和感情。上区手势在演讲与大会上运用比较多，在平时交流与沟通中一般很少运用。（2）肩部至腰部称为中区手势。手势在这一区域活动，多表示叙述事物、说明事理和较为平静的情绪，一般不带有浓厚的感情色彩。其动作要领是单手或双手自然地向前或两侧平伸，手心可以向上、向下，也可以和地面垂直，动作幅度适中。中区手势是日常生活与工作中运用最多的一种。（3）腰部以下称为下区手势。手势在这一区域活动，一般表示憎恶、鄙视、反对、批判、失望等。其基本动作是手心向下，手势向前或向两侧往下压，动作幅度较小，一般传递出消极否定的信息。

运用手势语必须遵循三个原则：（1）雅观自然。运用体态语言、动作要做到端正、高雅，符合生活美学的要求。（2）保持三个协调，第一、手势与全身的协调；第二、手势与口头语言的协调；第三、手势与感情的协调。（3）适宜、适量、简练。一是与说话内容相适宜；二是手势的多少要适量，要不多不少；三是手势动作要简单精练。（4）因人制宜。说话者要根据自身条件，选择符合自己的身份、性别、职业、体貌的、有表现力的、合适的手势。

1. 手指语言

手指语是人体语最重要的组成部分，是重要的无声语言。比如"OK"手势，即将拇指和食指合成一个圈，其余三个指头伸直的手势，表示赞同的意思。竖起大拇指表示夸奖、赞赏的意思。挥手表示再见或致意，鼓掌表示赞扬或欢迎等等。当然，在不同的国家和地区，同一手势可能有不同甚至完全相反的意思，在沟通时，必须事先了解各地的风俗习惯，以免错用。

(1)向上伸大拇指。在中国，这通常表示夸奖和赞许。在日本，这一手势表示"男人"、"您的父亲"。在美国、墨西哥、荷兰等国家，这一手势表示祈祷幸运。在美国、印度、法国，在拦路搭车时横向伸出大拇指表示要搭车。但在澳大利亚，竖大拇指则是一个粗野的动作。

(2)向下伸大拇指。在中国，把大拇指向下，意味着"向下"、"下面"。在英国、美国、菲律宾，大拇指朝下含有"不能接受"或"对方输了"的意思。墨西哥人、法国人则用这一手势来表示"没用"、"死了"或"运气差"。在澳大利亚使用这一手势来表示讥笑和嘲讽。

(3)向上伸食指。在中国，这表示数字"1"。在美国，表示让对方稍等。在法国，学生在课堂上向上伸出食指，老师才会让他回答问题。在新加坡，谈话时伸出食指，表示所谈的事最重要。在中东，用食指指东西是不礼貌的。

(4)向上伸中指。在美国、澳大利亚这种手势意味着"搞那种关系"，表示侮辱。在法国，表示行为下流龌龊。在沙特阿拉伯，表示恶劣行为。不过，在缅甸和尼日利亚，向上伸出中指表示"1"。在突尼斯表示"中间"之意。

(5)向上伸小指。在中国，这一手势表示"小"、"最末名"。在日本，表示"女人"、"恋人"。在美国，表示"懦弱的男人"或"打赌"。但在泰国和沙特阿拉伯，向对方伸出小手指，表示彼此是"朋友"，或者表示愿意"交朋友"。在缅甸和印度，这一手势表示"想去厕所"。

(6)伸出弯曲的食指。这一手势是英美人惯常用的手势，表示招呼某人过来。这个手势在中国表示"9"。在日本，表示"小偷"或"偷窃行为"。在泰国、新加坡、马来西亚，表示"死亡"。

(7)大拇指和食指搭成圆圈。这一手势在美国和英国经常使用，相当于英语中的"OK"，表示"同意"、"赞扬"。在法国，表示"零"和"一钱不值"。在日本、缅甸，表示"金钱"。在希腊，这个手势被认为是很不礼貌的举止。

(8)伸出食指和中指。"V"形表示"胜利"。但在欧洲大多数国家，做手背朝外、手心朝内的"V"形手势是表示让人"走开"，在英国则指让人不齿的事。

日常生活中，手指可以指天、指地、指侧面，但切忌不要用手指直接指人，这是一种缺乏礼仪常识和不礼貌的举动。

2. 握手

在常见的手势中，握手是最常用到的一种。在交际应酬中，相识者之间和不相识者之间往往需要在适当的时刻向交往对象相互行礼，以示自己对于对方的尊重、友好、关心与敬意。那么握手应该注意哪些方面呢？

正确的握手应该是：距离(75厘米左右)，上身微微前倾，伸出右手，手掌垂直于地面，四指并齐，拇指张开与对方相握。应由主人、年长者、身份地位高者、女性先伸手。握手不要过猛，尤其对女性，不能插至女性虎口处，更不能对女性采取"三明治式"。在很多人同时握手时，不要交叉握手，丹麦人最厌恶交叉握手。握手时间因人、因地、因情而异，初次见面一般 3～5 秒钟。握手时不要戴手套。握手时上下抖动 3～4 次，不能左右晃动。手不干净应表示歉意。面含笑意，表情自然，注视对方。注意不要表现得过分夸张、热忱，不能坐着，要站起来与人握手。握手的力道、时间、姿势的长短表达出握手人不同的态度和思想感情，因此应该根据场合和想要传达的信息以及表达的情感进行调整。

握手的训练方法是设计场景进行模拟训练。例如：在一次宴会上，你偶然遇到了你的老同学，并且你的老同学身边还有其他人，你也想认识，这时应如何引荐相识？

二、头部语言

头部语是通过头部活动来传递信息的一种态势语。头部语是通过头部活动来传递信息的一种态势，包括点头、摇头、昂头、侧头、低头等动作，点头和摇头是头部语的两种基本形式，也是含义最明确的头部语。头部上昂，表示兴奋和自信；头部下垂，表示苦恼、忧郁、消极或精力不支。一般情况下，点头表示赞同、欣喜或有兴趣；摇头表示否定、不可理解等。但是，不同的文化也会产生恰恰相反的意义，如保加利亚、印度等国家就有"点头不算摇头算"的习俗；而叙利亚人表示"肯定"、"否定"都是点头，二者意义的区别则取决于头先向前还是先向后。侧头一般表示疑问或倾听，女性歪着头则一般表现出其性格上的不成熟。

三、坐姿

与他人沟通时，坐姿也很重要，不同的坐姿传递出不同的信息。良好的坐姿所传递出的是稳重、冷静、沉着的信息，是展示形象的重要形式。那么究竟什么样的坐姿才是合适的呢？总的来说，男士的坐姿应该端正，女士的坐姿应该优雅。

正确的坐姿应该是头端正，腰背挺直，肩放松，手自然垂放于腿上或者放在坐椅的扶手上，身体稍向前倾，则表示尊重和谦虚。男性双腿微微分开，女性双膝并拢。落座轻缓，起坐稳重，端坐而眼睛正视交际对象。如长时间端坐可将两腿交叉重叠，但要注意上面的腿向回收，脚尖向下。

入座轻柔和缓，起座端庄稳重。在别人未坐定前，不宜先坐下。入座前女性应先将裙角向前收拢，两腿并拢，也可双脚同时向左或向右放，两手叠放于左右腿上。入座时要轻，至少要坐满椅子 2/3，坐要坐得稳。坐下后，不要频繁换姿势，也不要东张西望。交谈时，身体略前倾，以表示尊重与专注。

离座时也要稳健轻巧。离开座位时，身旁如有人在座，须以语言或动作向其示意，方可站起。地位低于对方时，应稍后离开，双方身份相似时，才可同时起身离座。起身离座时，最好动作轻缓，无声无息。离开座椅时，先要采用"基本的站姿"，站定后，方可离开。离开座位时，从坐椅左侧离开。

坐姿的训练平时可以利用上课、自修的时间等按照以上标准进行练习，也可专门设计场景模拟训练。

四、站姿

在沟通中，一个人的整体精神面貌也很重要，而整体精神面貌的一个重要体现就是站姿。优美的站姿能显示一个人的自信，给他人留下美好的印象，而这种印象会影响到与他人的沟通效果。那么，怎样的站姿才能给别人留下良好印象呢？

对男士而言，站要站得稳而健，有昂扬的气势，伟岸而挺拔。站立时，头要端正，两腿微分，身体挺直，立腰收腹，二肩放平，两臂自然下垂或双手轻握背于身后，身体的重心均衡地分布在两条腿上，眼睛平视，面带微笑。

对女士而言，抬头，目视前方，挺胸直腰，肩平，双臂自然下垂，收腹，双腿挺直，脚跟自然靠拢，或者一脚略后构成45度角，脚尖分呈V字型或丁字型，身体重心放到两脚，右手轻握左手(手腕或手指)自然垂放于下腹处。当然，站姿还要根据场合、身份等有所调整。

站姿禁忌探脖、斜肩、驼背、挺腹、撅臀、耸肩、双腿弯曲或不停颤抖、双手插兜等。以上无论哪种姿态都是不美的，影响个人的风度和交际形象，必须加以克服。另外，在正式场合，将手插在裤带里或双臂交叉抱于胸前，双手或单手叉腰，或摆弄打火机、玩弄衣带、发辫、咬手指甲等也是不合适的。

站姿的训练方法是"九点"法。背靠墙站立，尽量使头部、双肩、臀部、小腿和脚后跟都靠到墙，收腹挺胸，保持15～20分钟。

五、走姿

走姿即走路的姿态。协调、稳健、轻松的行走姿态能够体现良好的精神面貌。走姿要分场合，脚步的轻重、快慢、幅度等必须同出入的场合相适宜。

良好的走姿，应该是自如、矫健、敏捷的，要轻快自然如风行水上。正确的走姿应该是：头部端正，双眼平视前方；上体正直，挺胸收腹，精神饱满。步履稳健轻盈，富有节奏感；步幅一致，速度适中。肩部放松，双臂摆动自然有力，幅度适中，这是镇定和自信的表现。走姿与站姿、坐姿相比更加灵活。

走姿一般分为平行走姿和一字步走姿两类，男士一般采用平行步走姿，即走两条平行线；女士一般采用一字步，也就是我们所谓的"猫步"，脚内侧踩一条线。

受个人体型、年龄、性别等因素影响比较大，在不同的场合，步态不一。人多的场合，步幅、速度适中，手臂幅度小，遇到宾客要让路；安静场合，走路轻盈无声；走楼梯或过道，靠右行进；携带重物，要平分双手携带。

走姿注意以下事项：走路时，切忌身体摇摆双手乱放；切忌"外八字"和"内八字"；切忌多人行时排成横队或者勾肩搭背；有急事莫奔跑；走路要用腰力。走姿禁忌方向不定、瞻前顾后、速度多变、声响过大、八字步态、低头驼背。

步态的训练方法是沿直线走路。

✓　资料卡：

　　手势和身体姿势在某一文化和另一不同文化中的含义可能是完全不同的。有时这种困扰是如此之大，以至于沟通无法进行。对一个阿拉伯人亮出鞋底或在与虔诚的穆斯林的商业交往中使用左手，使许多商人丧失了对于其非常宝贵的商业机会（穆斯林用右手吃饭，左手仅在如厕时使用）。在同日本人做生意时，美国人最头痛的是日本人作出反应前的沉默或长时间停顿。日本人在与人谈判时，经常不说话，只是不断地点头，保持安静，甚至会闭上眼睛（这能帮助他们以禅宗的方式集中精力）。对于日本人来说，沉默意味着对某个问题印象不错并在深入考虑它。当陷入困境时，日本人的典型反应是沉默、退出或改换主题。日本人的礼貌常常被美国人认为是不自然的和过度的；美国人的直率和专横对于日本人来说则意味着缺乏自制，并给人以不可信任的感觉，至少，这意味着缺乏诚意（对于日本人，诚意就是可信赖）。日本人在他（她）被戏弄时将会发出微笑，正如侍者在他（她）被其主人斥责时保持微笑也是他（她）习以为常的。侍者在他（她）被迫向其主人报告他（她）的一个不幸事件时，也会微笑，这是一种侍者不愿其个人不幸增加主人负担的礼貌行为；微笑意味着没有必要将这个不幸看得太严重。

　　美国人不愿意同一个不用眼睛直看着他的印度人进行坦率的交流；而印度人不喜欢美国人通过直接身体对抗来进行控制和指导。对印度人来说，不盯着人看表示尊敬；而在美国，直盯着说话人的眼睛才表示尊敬。在印度，老年人由于其年长而自动被人们尊敬，吻老人的脚在印度是一种常见的风俗，这是一种对长辈表示尊敬的方式。

　　与之相对应的是，美国人把法国人直接的和强烈的眼神接触，看成是攻击性的和顽固的。法国人把避开或不以相同方式对待他的热切凝视的美国人，看成是软弱的、随意的和不诚恳的。美国人在不知不觉中也会造成了困扰：无精打采，嚼口香糖，使用姓，忘记头衔，开玩笑，穿着随意，对异性过度友好，声调太高，对犯错的人（通常指社会底层的人）过分讲究公平，自己独立工作，粗心大意，爱出风头。这些人们行为中表现，在他们与同其处于相同文化的人交流时是完全自然的；但在一个跨文化的环境内，它会在无意中就被改变了含义。

六、任务解决

　　问题就出在小王身上。工作忙很正常，但是自己的时间管理没做好。会让老李觉得发怒的原因，就在于小王没拿老李当一回事，就一直忙自己的事情。老李觉得因为自己地位低，受到轻视。正确的做法是看到老李在等，自己忙着接电话的时候，应该先向老李道歉。毕竟电话一直响，也谈不了话。老李可以谅解的。接完电话之后，询问老李，必须正面对着他，最好还站起来，表示尊重（这时候老李还站着呢）。突然想起某个事情，应该先用笔记下来，而不是立刻中断老李的问题。等处理完老李的事之后，再通知小张。如果真的忙不过来，也可以跟老李说：我现在很忙，大约要半小时，之后我去找你。或者那时候你再过来，可以有比较多的时间仔细了解。至于案例中，已经发生得罪的情况。应该直接拉住老李，并且向他道歉，自己是无心之失，请他原谅。并且说明都是为了公事，没有对他有任何轻视的意思，就解释是忙中有错，疏忽了。

拓展训练

训练一　站姿

请学生分组到台上站1～3分钟，下面学生仔细观察。然后通过视频采集系统收集视频资料并通过回放的方式让他加进行比较，期间教师可以对不规范的动作进行示范，鼓励学生投入规范站姿训练。

训练二　走姿

举办一场"走姿真人秀"，按小组每组选派一男一女两名代表，到台上进行"真人秀"展示，台下同学仔细观察并记录成绩，最后请同学们评价最终结果，教师对过程进行最终点评，选出"最佳走姿奖"人员。

训练三　握手

模拟参加生日聚会，你和老朋友相聚，老朋友将他的朋友介绍给你认识，你与他握手寒暄场景。

训练四　手势语

在抗日战争胜利后，毛泽东主席去重庆谈判前与延安军民告别，"机场上人群静静站着，千百双眼睛随着主席高大的身影移动，人们不知怎么表达自己的心情，只是拼命挥手。"毛主席也举起手来，举起他那顶深灰色盔式帽，举得很慢很慢，像是在举一件十分沉重的东西，一点一点地，一点一点地，等举过头顶，忽然用力一挥，便在空中一动不动了。

思考并讨论：

1. 请根据所学，对毛主席和机场群众的肢体语言进行分析。
2. 你认为肢体语言在人际沟通中有哪些作用？请举例。

推荐阅读

《微沟通》，作者：安航涛

《沟通能力培训全案》，作者：蔡升桂

项目六　人际沟通中的语言艺术

项目情景聚焦

　　语言是人际交往的基本工具，是人们交际沟通的桥梁和纽带，更是人际交往的重要环节。同时，在人际沟通过程中善用语言也是一种艺术。在提倡"以德治国"、"构建和谐社会"的今天，善用语言艺术，建立良好的人际关系显得格外重要。

任务一

懂得表露与表达

学习目标

知识目标：掌握判断表达的恰当时机的方法和重要性，掌握面对不同沟通对象时合适语言表达艺术。

能力目标：能在人际沟通过程中找到准确的时机并运用恰当的语言来和不同的沟通对象进行成功沟通。

工作任务描述

星期天的中午小张在家陪父母吃饭，父亲对小张说："今天下午我们去散散步吧，呼吸一下新鲜空气。"小张说："不行，我没有空。"父亲听了很生气："你没有空，那我就有空了？我好心陪你散步，你竟然不领情……"父子俩在饭桌上不欢而散。

问题及思考：

小张和父亲的沟通中各存在什么问题？他们应该如何进行沟通？

工作任务分解与实施

一、恰当的时机

我们在与人沟通的时候经常会发生这样的情况，那就是有些时候自己本没说过激怒他的话，他却莫名其妙发火，使沟通变得困难；或者一些难以沟通的问题，比如与同事之间在工作上的分歧等，始终无法解决。其实这两个问题都可以归结为一个原因，那就是沟通的时机不对。

有效的人际沟通是在恰当的时候、适宜的场合，用得体的方式表达思想和感情，并能被别人正确理解和执行的过程。所谓"选对时机"，就是要在对的气氛、对的时间、对的心情、对的地点、对的主题下进行沟通。这里的"对"，并非以沟通者自身的角度去衡量，而是要从沟通对象的感受作为出发点。要知道，当一个人心情好的时候，整个世界对他来讲都是美好的。所以我们要尽量选择沟通对象心情好的时候在一个温馨的环境中进行沟通，很多难题也能迎刃而解。例如一位员工有了加薪的意向，毕竟他已经在公司里面待了很长时间，并且取得了一些成绩。那么选择什么时机去谈这个问题很关键。倘若老总现在正气不顺，那么别说加薪，甚至还有被大骂一顿的可能性。就算老总现在的心情不糟糕，但是他本没有给这位员工加薪的意向，也会用各种理由搪塞。只有当老总心情好的时候，向他提出这个要求，才更有胜算。因此选择沟通时机是非常重要的，有的时候，这正是沟通是否能够顺利进行的关键。

二、合适的对象

1. 清晰的表述

语言交际是双向的，有说的一方同时也有听的一方。因此，说者就不能一厢情愿想说什么就说什么，而要进一步了解你的沟通对象，从沟通对象的年龄、职业、思想、性格等不同特点出发，说恰当的话，即所谓"对什么人说什么话"。同时还要重视沟通对象为什么需要这些消息；他们更喜欢用什么方式交流；更喜欢在什么时间与人沟通等问题，根据不同接受者的具体情况选择你的沟通方式，可以使事情进展顺利。例如面对屠夫可以跟他聊猪肉，面对厨师可以跟他聊厨艺，而当同时面对屠夫和厨师便可以跟他们聊红烧肉。这就是根据沟通对象的不同而选择不同的话题，才能让沟通有效地进行。

另一方面，沟通时的清晰表述可以大大提高沟通的效率。但如何把自己的思想表达得更清楚也是一门艺术。事实上，思想的表达无非是要说清楚三件事，即是什么？为什么？怎么办？从逻辑上看，这样"三段论"的基本表述模式，能从一个思想接收者的需要出发，提供对自己思想内涵由远及近、由表及里又由近及远的多重视角和层次的阐释。这种方法是最基本的，却是最有效的，它是展示和传播思想的一个捷径。

首先，是什么，即对思想内容进行总括的介绍。这部分应该主要包括以下内容：思想涉及的主要概念及关系界定；有关理论与实践背景；创新点的主要内容及其在相关领域的地位等。表述中，既要照顾到面，又要相对集中；既要有宏观的概括，又要有细节的刻画。通过介绍，使思想全方位、多层次、深入浅出地展现出来，让受众能对思想内涵有一个正确的理解。其次，为什么，即对思想产生的原因、反映的本质问题做出解释。凡事既要知其然，更要知其所以然，这样才能以理服人。说理要讲求逻辑严谨，论据充分，分析深刻。尤其是应重点剖析隐藏在背后的动机、各方博弈规则以及潜在的可能影响。如果可能的话，应该在总结相关事物发展规律的基础上，创新思维，建立理论分析模型（可以是论证性的，不一定非得建立数字模型），作为思想分析的核心，并由此推断出主要想表达的观点。这样可以增强思想的系统性和可信度，同时也给相关领域研究提供了一个可参照使用的方法。最后，怎么办，即对思想的影响及实现该影响的途径提出建议。对思想所涉及的内容做出发展趋势的判断，对这一趋势可能造成的影响做出分析，提出趋利避害的实现路径和建议。这一部分的重点是建议的针对性和可操作性，要避免漫无边际的议论或不切实际的空中楼阁。例如上级与下级的沟通。上级管理者在布置工作和任务时要清晰，使接收任务的同志都能够明确目的。在必要的情况下，上级管理者还要给接受任务的同志提供必要的手段，确保工作能够高效率地实现既定目标，在此沟通过程中的互动最为重要。要注意的问题是，上级管理者要区分不同的对象，采用不同的沟通方式，有的同志非常善于领会意图，也具有很强的工作能力，对这样的同志，上级管理者不需要进行很详细的工作交代，要拿出多数时间倾听他们的设想，并对他们提出的建议、困难等给以答复，提高他们的主动性和自信心，以提高工作效率；对于领悟能力和实践能力不强的同志，上级管理者不能简单行事，把一件事情简单交代之后置之不理，期待预期结果的出现，这样往往事与愿违。对这样的同志要多传递自己的想法，注重他们的执行能力，而不能过多地期望他们能够提出更多更好的建议。同级之间的沟通。通常情况下，同级之间针对工作问题进行沟通有一定的困难，由于沟通事件的本身并不是完全对等的，因此沟通的结果势必造成沟通双方产生一定的服从或服务关系，往往是提出问题的人是处于主动位置。在这种情况下，双方要尽量从对方的角度考虑问题，在提出问题的同时，为对方可能导致的困难提出解决意见甚至提供一定的帮助，使工作能够顺利完成。问题提出者要主动放下架子，以商量的口吻与对方沟通，并尽量多听取对方的反馈意见，了解对方的困难，切不可采用强迫的口吻和手段，那样往往把事情办坏。我们的目的是更快更好地完成工作而不是探讨责任的归属问题。另外，沟通双方要从组织整体的角度考虑问题，在确保整体利益的前提下，探讨沟通事件的处理方法，切莫把对事情的处理与对人的好恶结合起来。

2. 适可而止

把握交谈过程中的分寸会直接影响到交谈的结果。谈话时首先表情要自然大方，语气要和蔼可亲，表达要得体。说话时可以适当做些手势，但动作切忌过大，更不能手舞足蹈。交谈一般不要涉及疾病、死亡等话题，不谈荒诞离奇、骇人听闻、花色淫秽的事情。一般情况下不问女士的年龄、体重、婚否，不直接问对方的履历、工资收入、家庭财产、衣饰价格等隐私问题。对方不愿回答的问题不要追问，问及对方敏感的问题应及时表示歉意或立刻转移话题。不批评长辈及身份高的人员，不议论东道国的内政。不讥笑、讽刺他人，也不要随便议论宗教问题。其次要把握交谈的尺度。无论什么样的交谈，都应该根据交谈的内容和对象把握住交谈的尺度，要弄清楚哪些话该说、说到什么程度，哪些话不该说、怎样加以回避等。

当以下两种情况出现时就需要转换话题了。一种情况是自己对谈论的话题已失去兴趣，而对方却谈兴正浓，彼此难以谈到一块。此时，不必硬着头皮去听，而应当通过提出一个富有启发性的问题，或接过对方的某一句话，自然地扯到另一个双方都感兴趣的问题上。这样，对方的自尊和谈兴都未受到损害，甚至还没有意识到呢！另一种情况是，自觉、敏感地观察对方的反应，知趣地感受对方的暗示和约束自己的谈兴。例如，当对方表现出厌倦神色时，就该适可而止了。

三、任务解决

任务中的对话如果变成这样：

父亲："今天下午我们去散散步吧。"

小张："好啊，等我把手头上的事忙完就陪你去。"

父亲："那你还要忙多久？"

小张："很快，还要四个小时就完了。"

父亲："你那么忙，为什么还要陪我去？"

小张："再忙也要陪爸爸。"

父亲："傻孩子，工作要紧，散步随时可以去。"

这次沟通的效果是不是会好很多呢。

必备知识

常用关联词语

1. **并列关系**

几个分句或者陈述相关的几件事情，或者陈述同一事物的几个方面。

常见的关联词：既……也（又）；又……又；一方面……一方面；一边……一边；不是……而是；是……不是。

2. **递进关系**

后一分句所表达的意思比前一分句语意上更进一层，或者范围更广，或者程度更深，或者情况更甚。

常见的关联词：不但……而且；不仅……也；不但不（不仅不）……反而（反倒）；尚且……何况（更不用说）。

3. **选择关系**

几个分句分别说出事情或几种事况，表示要从中选择一项。

常见的关联词：或者（或是）……或者（或是）；是……还是；要么……要么；与其……不如；宁可（宁肯）……也不。

4. **转折关系**

后面的分句不是顺着前面分句的意思说下去，而是转了一个弯，跟前面分句的意思相反，或对前句加以修改补充。

常见的关联词：虽然（虽、尽管）……但是（可是、却）。

5. **因果关系**

一个分句说明原因，另一个分句说明这个原因所产生的结果。这个结果可以是事实也可以是说话人所作的论断。

常见的关联词：因为……所以；由于；因为；因此；所以；之所以……是因为。

6. **假设关系**

一个分句提出假设，另一个分句说明假设的情况实现后出现的结果。常见的关联词：如果（假如、假设、假若、要是、倘若）……就（那么、那、那就）；即使（就是、就算、哪怕、纵然）……也（还、总、仍然）。

7. **条件关系**

一个分句提出条件，另一个分句说明在这条件下产生的结果。常见的关联词：只有……才；除非……才；只要……就；无论（不论、不管、任凭）……都（总、还、也）。

拓展训练

同是描述兔子白且长的耳朵：

1. 那只兔子的耳朵好长好白啊！

2. 那只兔子的雪白的耳朵有 14cm 长，比一般成年兔的耳朵长 2cm。

3. 那只兔子的耳朵又长又白，漂亮极了。

小蓝感激小明帮了他一个大忙，想请小明吃顿饭：

1. 小明，下周来我家吃饭吧。

2. 小明，下周六到我家吃晚饭吧。

思考问题：比较上面的两组表述语言，你认为在工作中怎样的表述更加有效？为什么？

推荐阅读

《说话的魅力》，作者：刘墉

任务二
学会倾听与回应

学习目标

> **知识目标**：掌握倾听的意义和作用，倾听的过程和主要表现。掌握非语言符号的作用。
>
> **能力目标**：学会有效的倾听。掌握有效的提问和反馈。

工作任务描述

> 那是一个圣诞节，一个美国男人为了和家人团聚，兴冲冲从异地乘飞机往家赶。一路上幻想着团聚的喜悦情景。恰恰老天变脸，这架飞机在空中遭遇猛烈的暴风雨，飞机脱离航线，上下左右颠簸，随时随地有坠毁的可能，空姐也脸色煞白，惊恐万状地吩咐乘客写好遗嘱放进一个特制的口袋。这时，飞机上的所有人都在祈祷，也就是在这万分危急的时刻，飞机在驾驶员的冷静驾驶下终于平安着陆，于是大家都松了口气。
>
> 这个美国男人回到家后异常兴奋，不停地向妻子描述飞机上遇到的险情，并且满屋子转着、叫着、喊着……然而，他的妻子正和孩子兴致勃勃分享着节日的愉悦，对他经历的惊险没有丝毫兴趣，男人叫喊了一阵，却发现没有人听他倾诉，他死里逃生的巨大喜悦与被冷落的心情形成强烈的反差，在他妻子去准备蛋糕的时候，这个美国男人却爬到阁楼上，用上吊这种古老的方式结束了从险情中捡回的宝贵生命。
>
> **问题及思考：**
> 这个大难不死的美国人回家反而自杀了，原因何在？

工作任务分解与实施

一、真诚地倾听

1. 倾听的重要性

美国著名学府普林斯顿大学对一万份人才档案进行分析，结果发现："智慧""专业技术"和"经验"只占成功因素的25%，其余75%决定于良好的人际沟通。因此只有良好地沟通，才能为他人所理解；只有良好地沟通，才能得到必要的信息；只有良好地沟通，才能获得他人的鼎力相助，正所谓"能此者大道坦然，不能此者孤帆片舟"。在日常的言语交往活动（听、说、读、写）中，听占54％，说占30％，读占16％，写占9％，这说明听在交际活动中居于非常重要的地位，所以要掌握沟通的技巧，关键是要学会真诚地倾听。

2. 有效倾听的方法和技巧

（1）倾听是一种主动的过程。在倾听时要保持心理高度的警觉性，随时注意对方倾谈的重点，就像飞碟选手打飞碟一样，要能站在对方的立场，仔细地倾听。每个人都有他的立场及价值观，因此，你必须站在对方的立场，仔细地倾听他所说的每一句话，不要用自己的价值观去指责或评断对方的想法，要与对方保持共同理解的态度。

（2）鼓励对方先开口。首先，倾听别人说话本来就是一种礼貌，愿意听表示我们愿意客观地考虑别人的看法，这会让说话的人觉得我们很尊重他的意见，有助于我们建立融洽的关系，彼此接纳。其次，鼓励对方先开口可以降低谈话中的竞争意味。我们的倾听可以培养开放的气氛，有助于彼此交换意见。说话的人由于不必担心竞争的压力，也可以专心掌握重点，不必忙着为自己的矛盾之处寻找遁词。最后，对方先提出他的看法，你就有机会在表达自己的意见之前，掌握双方意见一致之处。倾听可以使对方更加愿意接纳你的意见，让你再说话的时候，更容易说服对方。

（3）切勿多话。同时说和听并不容易。亿万富翁富卡以说得少听得多而闻名。大家都知道他曾在重要的业务会议中从开始坐到结束不发一语。有一次他告诉身边的人："上帝给了我们两只耳朵却只给我们一张嘴是有原因的，我们应该听得比说得多。"为了避免说得太多而丧失开发业务的机会，有些训练者建议利用"火柴燃烧法"：假想你的手上拿着一支燃烧的火柴，当你认为火焰即将烧到手指时停止说话，寻求其他人的回应。

（4）切勿耀武扬威或咬文嚼字。你倾听的对象可能会因为你的态度而胆怯或害羞，他们可能因为不想听起来口齿不流利而变得自我保护。即使你是某一个话题的专家有时仍应学习保持沉默，同时表示你希望知道得更多。

（5）表示兴趣，保持视线接触。聆听时，必须看着对方的眼睛。人们判断你是否在聆听和吸收说话的内容，是根据您是否看着对方来作出的。没有比真心对人感兴趣更使人受宠若惊了。

（6）专心，全神贯注，表示赞同。告别心不在焉的举动与表现，你可以练习如何排除使你分心的事物以培养专心的能力。点头或者微笑就可以表示赞同正在说的内容，表明你与说话人意见相合。人们需要有这种感觉，即你在专心地听着。把可以用来信手涂鸦或随手把玩等使人分心的东西（如铅笔、钥匙串等）放在一边，你就可以免于分心了。人们总是把乱写乱画、胡乱摆弄纸张、东张西望或看手表等解释为心不在焉，这些应该引起我们的重视和注意。

（7）让人把话说完，切勿武断。听听别人怎么说。你应该在确定知道别人完整的意见后再做出反应，别人停下来并不表示他们已经说完想说的话。让人把话说完整并且不插话，这表明您很看重沟通的内容。人们总是把打断别人说话解释为对自己思想的尊重，但这却是对对方的不尊重。虽然说打断别人的话是一种不礼貌的行为，但是如果是"乒乓效应"则是例外。所谓的"乒乓效应"是指听人说话的一方要适时的提出许多切中要点的问题或发表一些意见感想，来响应对方的说法。还有一旦听漏了一些地方，或者是不懂的时候，要在对方的话暂时告一段落时，迅速地提出疑问之处。

二、学会提问和反馈

1. 有效提问技巧

（1）开放式提问。

开放式提问是指被提问者在回答提问时，不能用简单的"是"或"不是"、"对"或"错"来回答，必须经过思考并展开来加以解释。这种提问方式能够帮助提问者了解更多的情况和事实，同时回答者也有更多、更自由的发挥空间。开放式提问常采用"什么"、"谁"、"如何"、"什么地方"、"什么时间"、"为什么"这样的特殊疑问词。如"你对这个问题有什么看法"、"公司今年的销售业绩如何"等，对这些问题，回答者显然不能用"是"或"不是"、"对"、"错"来回答，只能展开来加以解释。一般来说，开放式提问可分为两种类型：一是阐述性问题，即要求回答者作出阐述性回答，这类问题往往是一些积极的问题，通过提问与回答，沟通双方能加深相互的理解，更好地协调。二是辩护性问题，即要求回答者为自己的观点辩解，具有挑战性，很可能使沟通双方建立完全对立的关系，站在相反的立场上。提问者在提出辩护性问题时，一定要注意语气语调，因为提问的目的在于鼓励对方进一步说下去，达到有效沟通，而不是使之成为对立面。

（2）封闭式提问。

封闭式提问是指被提问者在回答提问时能够用简洁的语言来回答，如"是"或"不是"、"对"或"不对"等，回答结果往往可控制，或者与预期结果相近。封闭式提问的有点在于可以控制谈话及辩论的方向，同时可以引导和掌握对方的思路，但运用不当会使人为难，气氛容易紧张。因此，使用封闭性提问时一定要注意环境、场合、口气，尽量避免语气生硬或过分锋芒毕露。

（3）明确性提问。

明确性提问是指提问的问题已经有了明确的答案，被提问者只需要按照事先已经明确规定的内容进行回答即可。如"请你把电视机的使用方法说明一下"。由于明确性提问有规定的参考答案，不需要回答者自由发挥，因此回答这类提问相对来说比较简单。在管理沟通过程中，若需要了解某一方面的知识和信息，而这种知识和信息已经有了明确的规定或表述，则可以通过明确性提问的方式来获得。

（4）相关性提问。

相关性提问是指对两件事物间的相互联系性进行提问，如"最近发生的几件事情对本公司的声誉有何影响？"。相关性提问的目的在于探索事物之间的内在联系，使人们在思考或处理问题时能够从动态的观点、联系的观点出发，避免用静止、孤立的观点看问题。一般来说，为了使谈论的话题有所展开，或者对说话者的观点、看法给予引导，或者探讨事物之间的内在联系，经常使用相关性的提问。

（5）证实性提问。

证实性提问是指提问者对讲话人的一些讲话内容所进行的提问，如"你是说我们公司正在进行一场重大的变革？"。运用证实性提问的目的在于向说话者传递这样的信息：一是表明自己在认真倾听，听到了对方提供的信息；二是检验自己所获得的信息是否准确、可靠；三是表明自己对说话者提供的信息很感兴趣或非常重视；四是显示自己对说话者的信任和尊重。在交谈过程中，恰当地运用证实性提问不仅能够给对方留下良好的印象，而且能够使交流进一步深入。

(6)激励性提问。

激励性提问是指提问者运用激励性的语言来提出问题，其目的在于激励对方或给予对方勇气。根据激励的性质不同，可以把激励分为正向激励和负向激励。所谓正向激励，就是通过表扬、鼓励、肯定性的语言来进行激励，如："领导认为你的工作能力很强，让你负责这项工作绝对没有问题，不知你的意见如何?"。正向激励能够让被激励者感到心情愉快、舒畅。所谓负向激励，就是利用批评、惩罚、否定性的语言来进行激励，即利用激将法进行激励，如："就凭你的能力，领导不敢把这项工作任务交给你，担心你完不成这么重要的工作任务，你认为呢?"。负向激励能使被激励者感到鞭策和压力。值得注意的是，在谈话中尽量多运用正向激励，少运用负向激励。负向激励如果运用得不好，很可能让人产生逆反心理。

(7)假设性提问。

假设性提问是指提问者运用假设性的语言提出问题，让回答者回答，例如："如果是你的话，你会怎样处理这件事?"。运用假设性提问的主要目的在于鼓励对方从不同的角度思考问题、处理问题，让对方换位思考，通过变换看问题的角度来进一步加深对问题的理解和认识。一般情况下，为了征求别人对某些问题的认识和看法，或者为了消除某些不正确的理解和认识，或者为了处理某些矛盾和分歧，通常会采取假设性提问的方式提出问题。

2. 反馈的技巧

反馈的类型多种多样，概括而言，常见的反馈大致包括回应、判断、分析、提问和复述五种类型，在反馈的过程中应掌握以下几个技巧：

(1)反馈语言要明确具体。

反馈语言要明确具体、不笼统抽象和不带有成见的语言。例如"你的任务完成得很好啊"就不如"这次会展的组织工作非常好，达到了我们预想的目的"，后者更明确具体。

(2)反馈的态度应是支持性的和坦诚的。

这一特点反映了反馈过程中人性化的一面，它有助于沟通双方建立起理解和信任的关系。反馈要明确具体，但不能不照顾对方的感受。真正的双向沟通和反馈，是一个分享信任、取得共识的过程，而不是其中一方试图主导交流或评审对方的过程。要达到沟通的目的，必须把对方置于与自己同等的地位，任何先入为主、盛气凌人的做法都是不可能被接受的。

(3)营造开放的氛围，避免引起防卫性的反馈。

在沟通过程中，开放坦诚的氛围不仅有助于加深彼此之间的理解与交流，而且有助于调节矛盾和冲突，因为在建设性的、满意度较高的气氛中，尽管人们持有不同意见，但他们对事不对人，是在共同向需要解决的问题挑战。而防卫性气氛却没有积极作用，它往往将人们导向批判的、对立的价值体系中去。

(4)把握适宜的反馈时机。

一般情况下，应给予对方及时的反馈，及时反馈往往有利于问题的解决，否则矛盾逐渐积累，会越发不可收拾。但是及时反馈并不意味着立刻作出反应，还必须灵活地捕捉最佳时机。有时需要及时反馈，而有时反馈应在接受者准备接受时给予，如当一个人情绪激动、心烦意乱、对反馈持有抵触心理时，就应推迟反馈。反馈时机还与谈话者言语中所带的感情有关。善于反馈的人能识别对方言语中哪些是真情实感、哪些是表面情绪，只对对方的真情实感进行反馈。

(5)反馈必须适度。

尽管反馈在沟通中十分重要，但反馈也必须适度，因为不适当的反馈会让对方感到窘迫，甚至产生反感。如果以判断方式作出反馈，这类判断最好保持中立态度，不要简单地评论，如"这简直大错特错!"。另外要记住的是，反馈只能是反馈，不能直接作为建议，除非对方有这样的要求。

三、任务解决

任务中的美国男人在脱离险境回到家中，如果妻子能够对于他的描述和激动的情绪给予及时的反馈和慰藉，那么这个美国男人就不会选择上吊自杀了。

必备知识

倾听技巧的四步骤

具体步骤	要点
准备倾听	给发出信息者以充分的注意 开放式态度 先不要下定论 准备倾听与你不同的意见 从对方的角度着想
发出准备倾听的信息	显示你给予发出信息者的充分注意 若不想现在谈，提议其他时间 不要东张西望，注视着对方的眼睛
在沟通过程中采取积极的行动	尝试了解真正的含义 有目的地倾听 集中精神 继续敞开思想 不断反馈信息的内容
通知对方如果你——	没有听清楚 没有理解 想得到更多的信息 想澄清 想要对方重复或者改述 已经理解

拓展训练

想一想，你在工作中是否做到了认真倾听和及时反馈？还有哪些不足的地方需要改进？

推荐阅读

《卡耐基沟通的艺术》，作者：卡耐基

任务三
巧妙面对争执与矛盾

学习目标

知识目标：掌握沟通中争执与矛盾的处理方法。

能力目标：能巧妙地化解沟通中的争执与矛盾。

工作任务描述

小张是公司市场部的营销主管，按照惯例，今天正在召开部门月度工作布置会议，会议室里，小张正在和经理争吵不休。"这个指标我完成不了，经理你每天坐在办公室里，根本不知道我们在一线的辛苦，现在市场竞争这么激烈，新客户很难开发，现在你要求这个月实现业绩增长30%，这根本就不现实。"小张对经理布置的本月工作任务不满。"为什么你完不成呢？"经理问道。"我人手不够。我带的三个业务员，一个刚毕业没什么经验，老周和老赵不错，老赵这个月18号就将离职了，没有兵你让我怎么打仗？"小张觉得这个理由很充分了。"就这个原因吗？这是你的问题。怎么带新人，怎么降低老员工离职带来的业绩影响，是你这个做主管的应该考虑的事情。"经理说。"我的问题？那经理你做什么？难道部门任务都是我们的事情？"小张不服。"如果你觉得做不了，可以选择辞职。""辞职就辞职，照这样下去根本就没有办法做了。""好，你可以离开会议室了，等会议结束后辞职报告交给我。"

思考及问题：

1. 分析本案例中小张沟通失败的主要原因及改进建议？

2. 如果你是经理，针对小张工作中遇到的问题，你会如何帮助小张？

工作任务分解与实施

一、含蓄的语言也是一种艺术

含蓄是一种蕴藉曲折的语言风格，人们在一定的社会环境中进行言语交际，由于受到交际对象、交际内容等方方面面的制约，不便直接表情达意，运用迂回曲折的含蓄语言表达语意，以适应特殊的交际需要，实现圆满交际。

1. 智者委婉含蓄，蠢人口无遮拦

委婉含蓄的表达是一种语言的艺术。委婉含蓄的表达比口无遮拦、直截了当地说更能体现人的语言修养。直言不讳、开门见山虽然简单明了，但给人的刺激性太大，容易伤害对方的自尊心，例如一个服务人员在向顾客介绍衣服的时候，经常会说："你的脸盘比较大，适合穿 V 型的领子，你的臀部长得不规范，适合穿宽大的下装。"应该说"你是不是觉得您穿上这种领型的衬衫会更漂亮""这种强调颈部和夸张肩部的设计对平衡上下身的围度比例将会起到更好的调节作用，使整体匀称又不失成熟美"建议的话。虽然前后意思相同，但后者委婉而又礼貌，比较得体，使人听起来轻松自在，心情舒畅，也更容易让人接受。

委婉含蓄的语言，既是劝说他人的法宝，又能适应人们心理上的自尊感，容易产生赞同。换句话来说，委婉含蓄的语言就是成熟、稳重的表现。中国人讲究曲径通幽的含蓄美，虽然它和条条大路通罗马是一个意思，但一比较即有明显的差别，而智者往往就是说话委婉含蓄。

2. 直话易伤人，何不绕个弯

在待人处世中，直言直语是一把伤人伤己的双面利刃。喜欢直言直语的人通常都具有正义倾向的性格，言语的爆发力和杀伤力都很强，所以有时候这种人会被别人当枪使。在与别人说话的时候，少直言指陈他人处事不当，或纠正他人性格上的弱点。无数个事实证明，这不是爱之深责之切，而是在和他人过不去。每个人都有一个内心堡垒，自我缩藏在里面。你的直言直语恰好把他的堡垒攻破，把人家从里面揪出来。因此，能不讲就不要讲，要讲就拐个弯，点到为止。另外在生活中，经常会听到"对事不对人"。所谓"对事不对人"，这只是说说而已。事是人计划的、人做的，批评事也等于批评人了。

在日常生活中，直接辱骂别人，听话人当然很容易能听出来，如果说话人是利用会话隐喻来侮辱人，听话人就更应注意了。听话人不仅要善于听出对方的恶意，而且必要时可以"以其人之道还治其人之身"，给对方一个含蓄的回击。据说，有一位商人见到诗人海涅（海涅是犹太人），对他说："我最近去了塔希提岛，你知道在岛上最能引起我注意的是什么？"海涅说："你说吧，是什么？"商人说："在那个岛上呀，既没有犹太人，也没有驴子！"海涅回答说："那好办，要是我们一起去塔希提岛，就可以弥补这个缺陷。"这里商人把"犹太人"与"驴子"相提并论，显然是暗骂"犹太人与驴子一样，无法到达那个岛"，而海涅则听出了对方的侮辱和取笑，回答时话里有话，暗示这个商人是个驴子，使商人自讨没趣。

3. 说话过于"老实"是"笨蛋"

唐文宗年间，著名的诗人、太学博士李涉一次途经九江遭到了强盗拦劫。李涉手中没有任何武器，眼看就要束手受辱。这个时候李涉面对强悍的绿林大盗，口吟一首七绝："春雨潇潇江上村，绿林豪客夜知闻，他时不用相回避，世上如今半是君。"那些强盗听后大喜，于是以礼相待李涉，求的只是想要把诗留下来，然后平安放他回去。俗话说："秀才见了兵，有理说不清。"何况李涉面对的是与官家为仇的绿林大盗，一句说得不好，就会招致杀身之祸。这个时候李涉充分利用了自己的优势，准确地把握住了对方的心理：第一，作为一个绿林好汉，重的是义气，因此李涉首先非常尊重他们，并且还称他们为"豪客"，并且还在诗中表示愿意和他们作为朋友，不管什么时候见了都可以亲密地交往，不用"回避"，这就让那些绿林强盗不好再与他为敌。第二，作为一个强盗，忌的是一个"贼"字，而李涉却用的是"客"、"君"字眼来称呼他们，并且把他们粗暴的拦劫行为说成是"夜知闻"后的善意相访，这些行为举动让强盗不能再与他为敌。第三，作为著名的诗人，他以诗作答，显示了自己的身份，以自己的名声影响了强盗们的心理，并且还要诗中说出了他们在世上占有的地位，提高了他们的身价，让他们不能不以礼相待。这时这些一直受歧视的人觉得获得他的这首诗，比得到再多的钱财都要珍贵。于是他们不但没有伤害他，并且对他还倍加尊重。李涉正是准确把握了对方的种种心理，仅仅四句话就让他自己转危为安。

在这里我们可以想一下，如果他不用变通的语言可以说是必死无疑的，而他则打破了"老实"的说话技巧，赢得了自己一命。

正所谓"祸从口出"，在人际关系日益复杂的今天，一味"老实"的说话已经不再是可以通行的证书，只有会说话，懂得说话技巧才能有立足之地。

4. 有时谎言也是一种美

谎言，从表面上来讲就是"不真实的话"。从古至今，谎言都在一直被人们所反感，以至于受到人们的唾弃与蔑视。因此，在生活中，只要我们一提到谎言，人们自然而然就把其等同于小人、骗子，总之就是属于行为不好的人的类型中。相信我们在小的时候，都学过"撒谎的孩子"，在幼小的心灵上刻下了深深的烙印。人人都想做一个诚实的人，人人都想远离谎言。毋庸置疑这是应该的。但是，从某种意义上来讲，诚实也有解决不了的问题，而谎言在这个时候就可以非常完美地解决。在当今大力倡导诚实的社会中，有时谎言是不可或缺的一分子。

有一位学生在班级学习成绩始终倒数第一，经常淘气，总是暖不热凳子。家长被班主任老师叫到了学校，班主任说："你的孩子在板凳上连一分钟也坐不住哇。"孩子问妈妈："老师和你说什么啦?"妈妈说："老师说你现在已经能坐住板凳啦!"还有一次，这位班主任把这位妈妈叫到了学校说："你的孩子这一次又考了倒数第一。"孩子问妈妈："老师和你说什么啦?"妈妈说："老师说你如果在加把劲，肯定能超过你的同桌。"孩子在母亲善意的谎言安慰鼓励下，有了明显的进步。这样的谎言不美丽吗? 它体现了多么伟大而无私的母爱，它包含了一位母亲对孩子沉甸甸的希望。

二、懂得退让

每一种人际关系都会经历摩擦和矛盾，而引起这些摩擦和矛盾的因素可能是语言不通、年龄差异造成的障碍、性别差异造成的障碍、文化传统障碍和认知偏见造成的障碍。当摩擦和矛盾产生的时候，如果沟通的双方或一方能够懂得退让，采取科学的沟通渠道和方法，就能够克服沟通中的障碍，实现有效沟通。具体来讲，有以下几个方面:

(1)学会反思。在紧张的人际关系中首先要考虑自己做得有什么不足，是沟通不够，还是不注意听取他人的意见或建议等。如果有这些问题，那么就表示自己要及时改正和调整，如果没有，就表示要寻求合适的时机向对方进行解释和说明，或主动征求对方意见，或吸收对方参与到自己的工作或活动中来。

(2)学会回避。在因一时一事造成人际关系冲突的情景中，可以采取暂时回避的措施，日后找恰当的场合和时机进行解释和沟通。比如针对某件工作而引起的领导的误解、批评，同事的误解和反对，都可以采取暂时回避、日后解释的方法化解矛盾。

(3)保持良好心态，进行换位思考。在人际沟通过程中，要常常进行心理换位，把自己想象成对方，了解一下自己处在对方情景中的心理状态和行为方式，体会一下他人的心理感受，就会理解别人的态度和行为，做到"己所不欲，勿施于人"。同时，还要保持良好的心态，积极主动地与他人进行沟通，做到不卑不亢、平等真诚，这样才能避免自卑和自负造成的沟通障碍，赢得他人的信赖。

三、任务解决

在这次失败的沟通过程应该从以下几个方面进行改进：

1. 不应该在会议室争吵。可以在会议上适当提出困难，然后到经理办公室详细交流。

2. 告诉经理自己的困难和希望得到经理在哪些方面的帮助。

3. 告诉经理自己的工作计划，请经理补充完善。

4. 经理应该及时补充人员，对小张从哪些方面入手开展工作给予指导。

5. 经理应该对小张在带新人和降低老员工离职带来的影响的工作方法给予指导和建议。

必备知识

处理人际冲突的误区

错误观念	说明
因为他们犯错，才会引起冲突	双方需求的冲突并不能显示谁对谁错，即使是价值观念的不一致也是如此
为了表示自己对比方行，必须赢得冲突	这只是面子观念在作祟，并不表示自己一定是对的一方
任何的妥协均表示自己输了，且永远比对方矮一截	驳斥理由同上。输不起的才是真正的弱者
无论如何，应避免冲突的发生	个人的情感心态，对于冲突的本质有错误的认识
只有自己所提出的冲突解决办法才是有价值的	这是一种自私、专制的心态。最终的解决办法是谁提出来的并不重要，重要的是双方都要能接受
所有的冲突都必须有解决的办法	其实是不大可能的。有很多冲突的情景，如果双方均不退让，不愿妥协，可能会演变成无解的结局
妥协的结果终必导致不好的感觉	那倒也未必。有时妥协，双方都能得到需求适度的满足，反而是一种双赢的结果
长期或持续的冲突可以在一次的讨论中获得解决	那是不存在的冲突。很有可能是无数次协商无效的结果，如果经过一次讨论就能解决，那么它也不会变成长期的冲突了
任何的冲突中，一定有一方是对的，一方是错的；而且对的一方必须得到他所要的	驳斥的理由同第一点。冲突处理办法是经由协商，获致一个双方均能接受的解决方案

拓展训练

小刘刚办完一个业务回到公司，就被主管马林叫到了他的办公室。"小刘哇，今天业务办得顺利吗？""非常顺利，马主管，"小刘兴奋地说："我花了很多时间向客户解释我们公司产品的性能，让他们了解到我们的产品是最合适他们使用的，并且在别家再也拿不到这么合理的价钱了，因此很顺利就把公司的机器，推销出去一百台。""不错，"马林赞许地说："但是，你完全了解了客户的情况了吗，会不会出现反复的情况呢？你知道我们部的业绩是和推销出的产品数量密切相关，如果他们再把货退回来，对于我们的士气打击会很大，你对于那家公司的情况真的完全调查清楚了吗？""调查清楚了呀，"小刘兴奋的表情消失了，取而代之的是失望的表情："我是先在网上了解到他们需要供货的消息，又向朋友了解了他们公司的情况，然后才打电话到他们公司去联系的，而且我是通过你批准才出去的呀！""别激动嘛，小刘，"马林讪讪地说："我只是出于对你的关心才多问几句的。""关心？"小刘不满道："你是对我不放心才对吧！"

问题及思考：这次沟通失败的原因是什么？如何修改能让这次沟通变成愉快的沟通？

推荐阅读

《有效的沟通技巧》，作者：柳青

任务四

学习成功交谈的说话技巧

学习目标

知识目标：掌握沟通的形式和方法。
能力目标：能在实际沟通中灵活运用说话的技巧。

工作任务描述

当一个生气的顾客说："我上月订了那个东西，而且你说这星期会到货的。我看你是想占我的便宜。"

问题及思考：
你作为店员，你怎样以七种不同的方式来回复这个顾客？

工作任务分解与实施

一、沟通的互动

管理学家认为，现代管理讲究的是集体智慧。如果没有沟通，那么就不会产生团结协作的团队。这就好比几个人拉车，如果各自拉向不同的方向，即使每人都使出九牛二虎之力，也难以使车前进一步。因此，有效的管理，必须把集体的目标与个人的目标协调一致，而沟通则是协调的基础。在一个团队中，没有沟通，就不会有团队成员间的协调和互动。

沟通，是为了一个设定的目标，把信息、思想和情感在个人或群体间传递，并且达成共同协议的过程。而"要有一个明确的目标"、"达成共同的协议"及"沟通信息、思想和情感"被认为是沟通的三大要素。要有一个明确的目标，这是沟通最重要的前提。

在现代社会中，沟通技能被普遍认为是比较重要的。有人曾对 1000 位人事经理进行调查，发现他们均把"口头沟通"和"倾听"列为赢得工作岗位的重要技能，他们认为，"能与他人一起工作"和"有效表达"是重要的能力。在家庭生活当中，越来越多的夫妻把相互间能否有良好的沟通作为重要的幸福参照指标之一，而在学校里，师生沟通问题也受到越来越多的研究者的关注。

有时，我们为了满足社会需求要和他人沟通。因为人是一种社会的动物，人与他人相处就像需要食物、水、住所等一样重要。如果人与其他人失去了相处的机会与接触方式，大都会产生一些症状，如产生幻觉，丧失运动机能，且变得心理失调。我们平常可与其他人闲聊琐事，即使是一些不重要的话，也可以让我们因满足了彼此互动的需求而感到愉快与满意。

有时，我们为了肯定自我而和他人沟通。从与他人的沟通中，得知自己有什么专长与特质。与他人沟通后所得的互动结果，往往是自我肯定的来源。

二、求同存异

"求同"就是寻找共同思想、共同要求、共同利益，是构建和谐的基础；"存异"就是保留不同观点、不同主张、不同利益，是构建和谐的条件。这种"求同存异"思想在处理矛盾时将寻求共同基础、保留意见分歧、原则性和灵活性相结合等辩证统一地结合起来，并成功地运用于人际沟通的过程中解决实际的问题。

(1)用别人爱听的方式，说自己想说的话。比如：弄清楚听者想什么，说对方感兴趣的东西。多讲认同、赞美、鼓励、欣赏、关心对方的话；说对方正需要的信息；对方期望听到的解决问题的方案，而非问题本身等。以对方感兴趣的方式表达。不批评、不指责、不抱怨，从友善的方式开始；保持热情、风趣、幽默；以提出问题代替批评或命令；保留对方的颜面，有相反意见时，尽量不要当场顶撞等。语言随环境而变化。在适当的时机与场合中进行沟通。当对方有需求的时刻，才推销你的想法；场合不同，表达的方式与内容要作相应的变化——到什么山头，唱什么歌；表扬时应尽量公开，批评时应尽量私下。

(2)表达不同意见时，尽量用"很赞同……同时……"的模式，这是"合一架构"，即使并不赞同对方的想法，也要仔细倾听他话中的真正意思。若要表达不同的意见，不要说："你这样说是没错，但我认为……"而是尽量说："我很感激你的意见，我觉得这样非常好；同时，我有另一种看法，来互相研究一下，到底什么方法对彼此都好……""我赞同你的观点，同时……"，不用"你这样说是没错，但我认为……"的句式；不说"可是，但是……，以此避免中断沟通的桥梁。

用"合一架构"有三层意思：第一表明你能站在对方的立场看问题，易达契合。第二表明你正在建立一个合作的架构。第三为自己的看法另开一条不会遭到抗拒的途径。

(3)当矛盾和分歧产生时，一开始说话先不要说分歧，先要求同，一开始你就要强调你和所有听众都相信的事实，然后提出许多每个人都想去回答的相关问题，引导听众积极寻找问题答案。列出一些显而易见的事实，这样他们就很容易接受你提出的结论了。无论分歧有多大，总会能找到一些能够让人人都认同的基准点的。

三、换位思考

换位思考，是设身处地为他人着想，即想人所想，理解至上的一种处理人际关系的思考方式。人与人之间要互相理解，信任，并且要学会换位思考，这是人与人之间交往的基础；互相宽容、理解，多去站在别人的角度上思考。在与人沟通的过程中有人不太顾虑他人对事物的看法、想法和观念的不相同，认为只要用正确的言语传达自己的意思就行了。其实所谓正确与否，并非说话者单方面就能决定的。如果我们在说话之前忽视了听话者的心理和反应，无论如何慎重地斟酌词句，依然会产生料想不到的差错和误解。所以必须在语言上下工夫，说话时不忘换位思考，站在对方立场就要替他去解决问题，力求使说的每句话对方肯听、爱听，打动他的心灵。

四、沟通形式和方法的准确运用

按照沟通时所采用的媒介物不同，可将沟通方式分为面谈沟通、书面沟通、会议沟通、演讲沟通、电子媒介沟通五类。

1. 面谈沟通

（1）特点。面谈沟通是一对一的互动性沟通协调。这种沟通协调所获得的信息及其反馈比其他形式要多、要快。面谈沟通协调要求参与者及时反应，不出差错，因此沟通协调前充分的准备与规划必不可少。同时，因为对话者的观察比较直接，所以掌握一定的体态语言常识是非常必要的。表述要求言简意赅，主题明确，有理有节，礼貌而不拘谨。

（2）技巧。面谈沟通要求要礼貌的致意，尽量快速记住对方的姓名和职务称呼；尽量使用对方熟悉和能了解的语言；除非必要，不可轻易打断对方的讲话，应表现出积极的倾听和回应；避免自己唱独角戏；谨慎地使用幽默，不要出现那自己开心的现象；不要针锋相对、直接地反驳对方；不要谈没有准备的话题；不要突然改变话题并做过多的解释；适时终止交谈。

2. 书面沟通

（1）特点。书面沟通必须借助文字，因此对文字水平有较高的要求。它弥补了面谈沟通协调的空间限制，是双方的交流有据可查，是表述增加了理性的内容。传达和消极的信息比较灵活，有斟酌与地位不会面临直接的尴尬状况。

（2）技巧。书面沟通注意平时的素材积累，力求在最小的空间、最短的时间内表述最多的信息；利用信息组织蓝图形成视觉客观点表述；把 50% 的时间花在写作的准备上；即使是消极的信息也要有个委婉的开头；消极的信息最好放在文章中间。让接受者有所准备；用激发阅读兴趣的短语引导读者进入你的说服领域；记住有效的建议都是需要策划的，而技术、管理或成本的表述构成了这份建议被接受的稳定性。认真的校审文稿是秘书书面沟通协调至关重要的环节。

3. 会议沟通

（1）特点。会议沟通协调工作的特点具有流程性（设计会议议程）。信息内容的设计具有衔接性（会议的文件、信息）；面对的沟通协调对象有群体性；信息影响又具有传播的延展性。因此，周到的会议沟通协调工作会让与会者有宾至如归的感觉，而细小的失误也会使会晤的管理者陷入应对众多的质疑之中。

（2）技巧。准备会议应该有不少于两套方案备选；各种沟通协调性文件的关键词语要反复核对无误并提前发出；及时向会议主办方反馈信息；对特邀与会者要亲自联系、确认参与意向；让与会者知晓会议规则以提高会议效率；会议结束后不要忘记感谢与会者的参与。会议的主持人常用的问题大致可以分为两类：开放式的问题和封闭式的问题。开放式的问题需要我们花费更多的时间和精力来思考回答，而封闭式的问题则只需一两句话就可以回答了。比如说："小王，你对这个问题怎么看？"这就是开放式的问题；"小王，你同意这种观点吗？"这就是封闭式的问题。作为一名有经验的会议主持人，你应该善于运用各种提问方式。

4．演讲沟通

(1)特点。演讲是在公共场合经常使用的效果显著的沟通协调方式。它的特点是：具有鼓舞性和煽动性；激情的演讲者具有的感染力能在短时间内凝聚听众的思绪，产生从众效应；但比面谈沟通协调缺乏亲切感和个体的针对交流。

(2)技巧。尽量把自己熟悉的话题和听众关心的问题结合起来，使其产生影响力；充分调整好自己的心绪，直到极为自信；题目不可过长，但要醒目鲜明，有震撼效果；引用的资料要翔实、新颖、针对性强；选择在不同的开场使用与主题紧密相连的形式(直白型、故事型、举例型、幽默型、提问型、引用型、悬念型)。使用悬念不可时间过长；全部过程语音清晰有一定的肢体语言辅助表达内容；结束语要干净利落，不拖泥带水。

5．电子媒介沟通

(1)特点。在信息社会中，电子媒介沟通协调工具的出现大大缩短了人与人之间的距离感。沟通协调变得更为简单、直接、平等。电话、可视电话、传真、电子邮件等，大体上都具有便捷、快速，成本相对低廉，内容丰富的特点。即使是在同一办公室很多公司的职员也习惯于使用电子媒介与工作对象交流，因为这更具及时性、私密性和非干扰性。

(2)技巧。诸多的电子媒介沟通协调工具在为沟通协调带来便捷的同时，也出现了自己特有的挑战：只有具有一定的文化水平和再学习能力的人，才能应用自如并充分享受使用的乐趣。人们在使用中应该了解一些特殊的、已被公认经常使用的便捷文字符号和搜索引擎；了解便捷的功能；了解网络软、硬件的基本常识；网络文件编辑的基本技术即不同工具之间的可代替功能。所不同的是，人们在利用这些工具沟通协调时，不应因为使用的载体不同而忽略自己的工作职责；涉及商业秘密的信息和特定仪式的要求不宜利用网络沟通协调。同时还要注意公司和个人的私密信息不能随意在网上传播。

五、任务解决

当顾客生气的提出的质疑，我们可以这样回答：

(1)"我们并不想占你的便宜。"

(2)"我们没能准时交货并不意味着我们想占你的便宜，从来没有人是这样认为的。"

(3)"你说的使我想起去年夏天出现过的问题。我记得当时……"

(4)"是的，我们的交货是晚了，但是你能不能仔细地告诉我为什么你认为我们在想占你的便宜？"

(5)"很明显，你在生气，因为你认为我们向你保证了一个不准确的日期。"

(6)"其实不要认为我们要占你的便宜，这次延迟不是我们能控制的。"

(7)"你是说我们故意延迟交货，对你不公平。"

必备知识

常见的策略语言类型举例

	策略	例子
后果性语言	许诺	"如果你借我车，我会帮你把作业带到办公室。"
	威胁	"如果你不借我钱，我从此再也不打电话给你。"
	讨厌的行为	"如果你不向我道歉，我就当众批评你。"
	消极对抗	"如果夜里你不让狗停止吠叫，我就买一把刀（杀狗）来。"
	积极建议	"如果你站在我这一边，人们很快就能看出你是一个人才。"
确认关系语言	合作	"听着，你的狗在晚上这样狂叫，我想你应该知道邻居们都快要疯了。"
	肯定评价	"如果你对自己的电脑不那么斤斤计较，你会知道我多么喜欢你。"
	否定评价	"如果还不想办法让你的狗安静，人们真的会认为你是一个疯子。"
	利他原则	"失眠太让人难受了，为我想想，让你的狗安静，好吧？"
	简单要求	"星期六晚上借车给我行吗？"
价值判断语言	道德呼吁	"因为你没完成工作而耽误大伙休息是不对的。"
	赋予积极形象	"老板，我真的认为你是非常公平的，请给我一次机会。"
	赋予消极形象	"只有不负责的人才会不按时完成工作。"
	补偿	"看看，我总是照顾你，电脑能借我用一个晚上吗？"
	消极的自我感觉	"如果明天还不把作业完成，以后你会觉得后悔的。"

拓展训练

公司为了奖励市场部的员工，制定了一项海南旅游计划，名额限定为 10 人。可是 13 名员工都想去，部门经理需要再向上级领导申请 3 个名额，如果你是部门经理，你会如何与上级领导沟通呢？

推荐阅读

约瑟夫·勒夫特和哈瑞·英厄姆研究的"约哈瑞窗户"

项目七　互联网沟通

项目情景聚焦

　　互联网沟通是人们最新的一种沟通手段，主要通过互联网信息的传递和接收来实现人际互动。互联网人际互动的形式有很多种，它既有着传统沟通形式不具备的优点，也有着其特有的缺点和禁忌。项目七将重点介绍互联网人际互动的特点、技巧和优势，引导我们重视和学习互联网沟通技巧。

任务一
掌握互联网沟通模式和技巧

学习目标

> **知识目标：**了解互联网信息的含义、互联网信息的生态链条，互联网信息的接收和传递，了解互联网人际互动的方式、特点。
>
> **能力目标：**能根据互联网信息的接收和传递模式，掌握互联网沟通技巧，认识到互联网人际互动的重要性，能通过互联网进行良好的人际互动。

工作任务描述

> 　　小王是四川省广安市某镇的高二学生，他非常爱好天文学，可惜在身边并没有找到志同道合的朋友，而且在他们镇上他也买不到他喜欢的那几本关于天文学的杂志。爱好也无从发展，更是无人探讨，他常常为此而感到苦恼。
>
> 　　**问题及思考：**
>
> 　　1. 小王可以通过其他途径找到志同道合的朋友进行沟通吗？
>
> 　　2. 有什么办法可以让小王能时刻接触到天文学的最新信息，看到喜欢的杂志呢？

工作任务分解与实施

一、互联网信息接收与传递

（一）互联网信息的定义

1. 信息的定义

　　我国是世界上最早建立有组织信息传递系统的国家之一。早在三千多年前的商代，信息传递就已见诸记载。乘马传递曰驿，驿传是早期有组织的通信方式，我国的嘉峪关就是著名的信息文化发源地之一。信息在我们的生活中扮演着重要的角色，没有信息人们就无法沟通和交流，人类文明也不能随之流传下去，及时迅速的掌握信息，才能抓住机遇，实现目标。

　　例如，在朝鲜战争之初，情报公司准备将一条价值不菲的信息出售给国家，但是并没有受到应有的重视，以至于美国在后来的战争中损失惨重。而这条信息就是"中国将出兵朝鲜"。由此可见信息是多么的重要。

所谓信息就是指音讯、消息、通讯系统传输和处理的对象，泛指人类社会传播的一切内容。人们通过获得、识别自然界和社会的不同信息来区别不同事物，得以认识和改造世界，在一切通讯和控制系统中，信息是一种普遍联系的形式。

2. 互联网信息的定义

互联网出现之前，通信工具不发达，但是人类靠自己的智慧发明了许多通信工具，将信息从一个地方传到遥远的另一个地方，古代的烽火、飞鸽传书、驿站等，后来出现了邮局，有了书信和邮差，再到电报、电话的发明等等，直到互联网的出现，人们从web1.0 时代步入到2.0 时代，今天的即将步入的 web3.0 时代，互联网带来了海量信息。

所谓互联网信息说简单点就是互联网上可以利用的一切信息资源。它是由信息生产者发布在互联网上循环流动的信息内容，它包括文字、图像、声音、动画等等多种形式。互联网就是一个海量信息资源库，我们只要通过上网检索，就可以搜索到各种所需的资源。

(二)互联网信息的特点

互联网信息是一种数字化资源，与非网络信息资源相比有其独特的特点，了解互联网信息的特点有助于我们对其搜索、开发和利用。

1. 电子化

电子化是互联网信息生产的基础，也是区别于传统信息的主要特征之一。互联网信息的电子化影响着信息的生产、加工到传播利用等各个工作环节，冲击着信息理论研究与应用的各个方面。电子化冲破了传统的信息载体，使光盘、磁盘、电子图书、电子视频、移动通信等一系列电子信息载体的出现，并被广泛使用，促进了以电子传播为主的现代信息传播新格局的形成。

例如，我们现在的阅读方式，过去都是以纸质书本为载体，而且都是去实体书店购买，但是我们现在如果需要看什么书，大部分选择去互联网上下载电子书，省钱又省时，还可以永久保存；过去我们要看电视剧、电影，只能通过电视和电影院得到满足，但是现在我们通过购买光碟或者使用互联网，就可以轻松看到自己想看的视频资源。

2. 数量庞大、增长迅速

互联网是一个海量信息库，集各种信息资源为一体，不管是政府、机构、企业还是个人，随时都可以在互联网上发布信息，因此导致了互联网信息的增长迅速，成为无所不有的庞杂信息源，并具有跨区域、分布广、多语种、高度共享的特点。

3. 内容丰富、覆盖面广

互联网信息资源几乎是无所不包，而且类型丰富多样，覆盖了不同学科、不同领域、不同地区、不同语言的信息，在形式上包括文本、图像、声音、软件、数据库等，看成多媒体、多语种、多类型的混合体。内容上包括学术信息、商业信息、政府信息、个人信息等。因此，互联网给我们提供了极大的选择余地。

4. 信息质量庞杂

由于互联网的开放性和自由性，网络信息的发布缺少质量控制和管理机制，对互联网信息的整合和筛选较为困难，其中很多资源没有经过审核，使互联网信息繁杂、混乱，质量参差不齐，我们在搜索选择信息的时候带来很多甄别困难。

5. 开放性

互联网信息资源的传递与交流，它消除了时间、空间的限制，还有地理位置的差异，使信息在更高的程度上实现了全社会的共享，每个信息服务机构都成为了全球性网络上的一个站点，成为全开放的、为全社会服务的互联网信息中心和知识中心。我们每个人都可以在互联网上进行信息的接收与传递，对互联网信息资源的利用是整个信息网络建设的重要组成部分。

二、互联网人际互动

(一)互联网人际互动的形式

网络的人际互动主要有以下几种主要形式。

1. 万维网(World Wide Web)

它是一个由许多互相链接的超文本组成的系统，通过互联网访问。在这个系统中，每个有用的事物，都称为"资源"，它就相当于一个资料空间；并且由一个全局"统一资源标识符"标识；这些资源通过超文本传输协议传送给使用者，使用者通过点击链接来获得资源。

万维网的用途相当于图书馆、杂志、黄页等，在互联网人际互动中，我们的个人主页可以作为个人信息的发布台。用户可以通过万维网查到所需的内容信息。但是，在万维网上制作个人主页，需要一定的专业知识和网页操作技能，这就限制了万维网在互联网人际互动中的广泛使用。

2. 电子邮件(Email)

电子邮件是一种使用电子手段进行信息交换的通信方式，是互联网应用最广的服务。通过互联网的电子邮件系统，只要满足上网条件，就可以用免费的、并且以非常快速的方式发送到世界上任何地方，与世界上任何一个角落的互联网用户联系。同时，电子邮件的内容可以是文字、图像、声音、视频等各种形式，用户通过信息搜索的形式或者订阅的方式，就能轻松获得大量免费的新闻、专题邮件等等。

电子邮件的存在极大地方便了人与人之间的沟通和交流，已经成为互联网人际互动重要的场所，它的异步性和保密性，成为人们使用率最高的网络交流工具之一。通过电子邮件，随时随地可以和自己的朋友、家人，甚至商业同行进行交流互动，可以是一对一，也可以是一对多，还可以加入专门的邮件列表参与特定的讨论组，进行更有针对性的和深入的持续交流。

3. 论坛(BBS)

这里的论坛是指互联网上的论坛，它又叫电子公告牌，是 Internet 上的一种电子信息服务系统。它是一种交互性强，内容丰富而即时的 Internet 电子信息服务系统。

BBS 在我国的发展可追溯到 1991 年"中国长城站"的搭建，1994 年 5 月曙光 BBS 站开通成为中国内地的第一个 BBS 站。1996 年四通利方论坛成立，1997 年 11 月，老榕在四通利方的论坛上写了一篇《大连金州没有眼泪》的帖子，被《南方周末》整版转载，论坛的网络力量瞬间释放，这一年成为中国论坛兴起的标志。但真正是在 1998 年以后，互联网得到普及和发展，新浪、网易和搜狐纷纷涉足论坛以及地方性论坛逐渐兴起，如天涯，

BBS 的用户规模也逐渐扩大。

由于论坛它通过提供一块公共电子白板，每人都可以在上面就不同话题展开讨论，发布信息或提出看法，回答提问或者浏览别人的观点。我们很熟悉的就是百度论坛了，它是一个很成熟的论坛，并且建立了比较齐全的分类讨论区，和相当成熟的管理维护体系，只需要注册一个账号，就可以进入论坛，参与讨论各种话题，我们可以进入自己学校的论坛，也可以进入自己喜欢的明星论坛。在论坛里面我们可以充分表达自己的看法，通过借助自己的代号、化名以及签名档等呈现自我，发布信息，进行讨论，聊天等等。同时，在论坛上讨论没有固定模式，可以同时讨论多个话题，也可以选择忽略相关话题，不分时间，不分地点，随时随地加入到用户感兴趣的讨论队伍里面，沟通方便及时。

4. 聊天室（ChatRoom）

聊天室是一个网上空间，供许多人通过文字与符号进行实时交谈、聊天的场所，是向所有人开放的地方。我们在进入聊天室以后，围绕一定的谈话主题，可以同网友进行真实地对话，在聊天室内真实的表达自己、了解他人，并可以享受很多乐趣。

聊天室在不同的平台上有不同的展现，其目的也各不相同，聊天可以随时进行，以固定的"外号"和地点出现。聊天室分为文字聊天室和视频聊天室，文字聊天室是以文字和符号为信息传递载体的聊天方式，例如手机 wap 聊天室、妙恋佳人网手机 wap 聊天室等等；视频聊天室是以文字和视频相结合的方式进行实时聊天，例如 uc、9158 等。

5. 多用户对话游戏（MUD）

MUD 又叫多用户对话游戏，这是一种网络游戏，网民通过文字创建文本，构建"虚拟现实王国"的环境，使玩游戏的网民强烈感受到地点和团体。玩游戏的同时可以进行正常的聊天、寻呼、悄悄话、尖叫或情感流露，许多 MUD 还提供非同步讨论论坛及游戏者之间的电子邮件。

6. 腾讯 QQ（QQ）

QQ 是深圳腾讯计算机通讯公司于 1999 年 2 月推出的一款第一个免费的基于 Internet 的即时通信软件。QQ 在线用户由 1999 年的 2 人已经发展到了上亿用户，2014 年同时在线的人数超过了两亿，是目前使用最广泛的聊天软件之一。腾讯 QQ 支持在线聊天、自定义面板、QQ 邮箱、QQ 空间、音频视频对话，QQ 音乐等等，并且可以同移动终端等多种通讯方式相连。

腾讯 QQ 从开发到投入使用，它的多功能使用户的人数不断增加，QQ 用户通过账号、昵称查找等方式，可以加亲人朋友或者陌生人为好友，同时随着 QQ 用户在线时间的增加，实现等级加速，到一定的等级以后用户可以建立 QQ 群，邀请朋友或者有共同兴趣爱好的人到一个群里面聊天，进行多人聊天交流服务。同时，用户可以使用群 BBS、相册、共享文件、视频以及语音聊天等多种方式进行互动。虽然目前腾讯 QQ 很多用户被微信抢占，但是 QQ 的文件传输、QQ 群聊等功能依然不能够被取代。

7. 微博（Weibo）

微博是微博客的简称，它是一个基于用户关系的信息分享、传播以及获取平台，我们可以通过 Web、Wap 以及各种客户端组建个人社区，以 140 左右的文字更新信息，并实现即时分享。

最早引起人们关注的微博是来自美国的 Twitter，它是 Obvious 公司于 2006 年推出的一项服务，其核心概念是手机短信与博客的结合，限制每条微博在 140 个字符以内，这样每条消息都可作为条短消息发送，方便在手机上使用。2007 年，王兴创建了我国首个微博——饭否网，之后又出现了如叽歪、大围脖等微博产品。但是，2009 年 7 月份，Twitter 在国内被屏蔽，一些微博产品也相继被关闭。直到 2009 年 8 月新浪推出微博内测版，成为了我国首家试水微博的门户网站，并迅速获得了大批用户。中国互联网信息中心（CNNIC）第 35 次发布中国互联网发展统计报告。报告显示，截止 2014 年 12 月，我国微博客用户规模为 2.49 亿，网民使用率为 38.4%。

微博是先进的网络技术与言语表达化的完美结合，是传媒文化、写作文化、休闲文化、尚简文化、社交文化的巧妙融合。微博呈现出写作门槛低、参与度很高、微博语言表述碎片化、互动性极强、传播速度极快等特点。微博的出现和使用，使草根阶层极度活跃了起来，打破了同精英对话的沟壑，我们通过微博求关注，增加自己的粉丝量，可以扩大自己的关注度，提升等级，享受不同的微博等级服务，最重要的是微博每天都会推出热点话题，我们每个人都可以参与热点话题讨论，关注自己喜欢的名人明星，评论点赞。

8. 微信（Wechat）

微信是腾讯公司于 2011 年初推出的一个为智能终端提供即时通讯服务的免费应用程序，截止到 2013 年 1 月，微信用户已经突破了 3 亿。微信支持跨通信运营商、跨操作系统平台，提供公众平台、朋友圈、消息推送、多人群聊、位置分享、扫二维码等功能。用户通过网络快速发送免费语音短信、视频、图片和文字，同时还具有基于位置的社交插件"摇一摇"、"漂流瓶"、"朋友圈"、"公众平台"、"语音记事本"、"微信红包"等服务插件。

我们通过微信，可以建立自己的朋友圈，随时随地可以将精彩内容分享到微信朋友圈，好友可以评论、转发、点赞，加强彼此之间的联系和沟通。

（二）互联网人际互动的特点

互联网交际的随时性和便捷性，使互联网中形成了一个与现实社会完全不同的信息交流环境，它网络化的结构打破了人类以往受制于社会阶级和地理区域的人际互动模式，创造出了全新的人际交往空间和人际关系模式。在互联网络中，人际间的互动表现出如下这些特点。

1. 压缩打包交换

这是互联网上人际互动的一个明显的特征，同时也是互联网的一个技术特征，且多数用在公司企业等商业文件传输的用途上。

2. 多媒体性

互联网技术的发展同时带动了媒体技术的发展，在互联网人际互动关系上，处处体现着多媒体性，不管是万维网、聊天室、QQ、微信等，都会有文本、图形、动画和声音等各种形式。同时，随着多媒体技术的不断成熟，用户通过音频、视频可以直接进行互动与沟通，非常简单易行。

3. 交互性

交互性是互联网人际互动的一个重要特点，在互联网上，不管是一对一互动，还是一对多互动，交互性可以使用户直接进行双向的交流与沟通，在沟通过程中，每一个网络参与者均不再是单纯的主体或者单纯的客体，而是作为一种交互主体，并存在于主体双向交互的环境之中。

4. 实时性

互联网中人际互动的实时性是它最大的优点之一，方便快捷，不受时间和距离的限制，可以实现同步交流，使信息得以快速的接受和传达。当然，互联网人际互动也存在非实时性的人际交流，如电子邮件、论坛、QQ离线等等，但是它的这种非实时性对人际间的互动和沟通影响非常小，只要用户上线就可以马上进行信息接收和回复。

5. 超文本性

超文本性是指互联网的电子文本，它是一种非连续性的书写形式，是通过用超链接的方法，将各种不同空间的文字信息组织在一起，用以显示文本与文本之间的相关内容。超文本通常以电子文档的方式存在，其中的文字包含可以链接到其他位置或者文档的链接，允许从当前阅读位置直接切换到超文本链接所指向的位置。

(三)互联网人际互动的技巧

互联网人际互动同我们日常的人际互动最大的区别就是多了互联网这个中间平台，通过互联网人际互动的特点，我们有必要掌握互联网人际互动的技巧。

1. 熟练使用互联网技术

通过互联网进行人际互动的方式有很多，我们必须先熟练掌握互联网技术，这是进行互联网人际互动的前提。互联网上有各种互动方式和平台，而且随着技术的革新，互动方式也在不断变化，我们如果熟悉并会使用各种互联网沟通方式，就可以随时随地与他人进行互动。

互联网技术的掌握程度直接影响人际互动的效果，拿青少年和老人来对比，由于互联网越来越被数字技术所覆盖，头脑灵活，思维敏捷，动手能力和学习能力强，同时能不断跟随时代潮流的人才能完全掌握，但是由于老人受身体年龄的限制，在使用互联网技术上显得很困难，他们的交际圈也大大缩小，同外界的联系也变少了。所以，我们在互联网技术日新月异的环境下，也要熟练掌握互联网人际互动方式，它对我们的沟通和交流具有重要作用。

2. 建立平等对话关系

现实生活中，我们常常因为身份的束缚，导致在人际互动中出现各种阻碍，由于互联网的虚拟性和匿名性，通过互联网进行人际互动时，我们大部分时候不知道互动对方的真实身份，每个人都有说话的权利。所以，就算在匿名的状态下，我们首先也要有平等对话的意识，不可高高在上也不可屈膝卑微。只有摆正了自己的身份，才能进行平等的沟通和交流，这样不仅是对自己的认可，也是对互动对方的尊重。

在互联网上，大家身份平等，就可以减少摩擦和矛盾，互动起来不会受到其他因素的干扰，也不用担心因为说错话而受到追究，这样一来，双方可以建立长久的对话关系，进行良好的互动。

3. 尊重隐私

由于互联网是一个虚拟的世界，人们通过互联网进行沟通和交流时，扩大了我们的交际圈，可以让我们和世界上任何一个角落的人进行互动，但是我们大部分时候不知道对方的真实身份，保护隐私就成了我们在进行互联网沟通时必须遵守的准则。

隐私是有关个人生活领域的一切不愿为他人所知的事情，它是自然人保持人格独立、平等、自由和尊严以及从事社会活动所必不可少的条件。虽然通过互联网为我们的人际沟通提供了极大的便利，但是互联网的虚拟性和不稳定性给我们的隐私保护带来了风险。我们在进行人际互动的时候，不仅要保护自己的隐私，还要保护他人的隐私，每个人都希望自己的私生活不被打扰，每个人都希望能留有自己的一方净土，对于对方不愿意透露的信息不要刨根问底，也不要进行恶意暴露，互相尊重才能进行良好的人际互动。

4. 掌握多种互动方式

通过互联网进行人际互动，不止有文字这一种形式，还有表情符号、视频、音频等方式。很多时候文字语言呈现一种单一的表达方式，如果配上了相关的表情符号或者音频等内容，沟通可以起到事半功倍的效果。特别是当沟通双方有意见分歧时，无法知晓对方此刻的面部表情和情绪变化，一个可爱、调皮的表情符号就可以起到化解矛盾的作用。

（四）互联网人际互动的优势

互联网人际互动是一个虚拟的现实互动，它对人与人之间的沟通和交流起到了重要的桥梁作用。从现实空间人际互动到网络空间人际互动，是科技时代技术发展背景下人际交流与互动不断中介化的产物。互联网人际互动具有现实中人际沟通不可比拟的优势。

1. 从心理学的角度

互联网空间同现实的不同，使它突破了时间的限制，拓宽了人们交往的方式，从根本上改变了互联网用户的心理体验。

虽然通过网络实现了视觉、听觉的交流限制，但是人们通常还是通过文字来实现，有限的感官体验使用户无法进行面对面的真实情感接触，无法进行身体上的交流，而且，互联网用户的身份存在匿名性和机动性，这样就方便了网民可以随机选择自己的身份，没有现实生活中的各种束缚和限制，可以畅所欲言表达自己的所思所感，可以把自己的喜怒哀乐分享给不同的人。特别是随着生活节奏的加快，每个人在承受巨大压力的时候，互联网人际互动正好是他们情绪发泄的出口，在一个虚拟的空间里，是他们心灵的避难所。

同时，网民在进行互联网人际互动过程中，每个人的身份都是平等的，它与现实中的种族、地位、性别无关，人人都有权利在上面发言，人人都可以有自己的"麦克风"，并且可以享受到网络民主。

2. 从实用性的角度

能够实现互联网的人际互动，技术的发展起着不可小觑的作用。特别是电脑的普及，促使网民数量越来越多，互联网人际互动以无可比拟的优势被网民所欢迎。回想过去，人们要实现沟通交流，大部分靠走路和写信，或者是打电话发短信，不仅时间耗时长，而且成本高，且容易受到外部环境的影响，例如天气、信号等等，同时还会导致信息残缺和闭塞。

有了互联网以后，只有满足上网条件，人们足不出户就可以知晓天下事，且可以实现与不同阶层的人沟通和交流。不仅省时、省力，还省钱。体验最深的就是以前要联系一个朋友，只能靠写信，每次收到信都是半个月、一个月以后的事了，已经过了当时的心境了；现在联系了朋友，随时随地都可以视频对话聊天，每天都可以知道朋友的动态和情况，沟通互动方便快捷，地理距离对交流的实现毫无影响，时间的体验也越来越快。

　　3.缓解社会矛盾的角度

　　我们生活在一个很现实的社会中，随着生活节奏的加快，竞争的加剧，社会阶层的多样化，导致一些社会不公平现象的出现，人们也极易出现不满情绪。同时，由于每个个体的差异，使人们在受到社会准则和道德伦理的束缚时，每个人内心都会有不适应的一面存在，每个个体都有自己受压抑的一面，当这种压抑和强烈的不满积蓄到一定的程度以后就会爆发出来，而互联网恰恰给了人们一个情感的发泄口，这也叫网络人际互动的去抑制性。

　　研究发现，互联网聊天具有一定的心理疏导功能，给人们宣泄心理矛盾提供了新的渠道，人们在互联网的人际互动过程中，没有任何心理压力，网络用户之间互不相识，不用顾忌自己的言谈会带来什么不良后果，也不必担心自己的言语会遭到耻笑。在互联网上，人们更容易说出自己在现实生活中不容易说出的话，更容易表达在现实生活中不宜表达的情感，更容易表露自己的人格特征甚至相应的弱点，社会规范和内心准则的作用会减弱。

　　这种网络的去抑制性，它有助于人们深藏在潜意识中的不为正常社会意识所容许的各种需要和愿望的满足，从而使得互联网成为那些不堪现实生活重负的个体的"树洞"，即发泄和寻找安慰的避难所。人们的情绪得到了发泄，有助于他们更好的投入到现实生活中，减轻压力和束缚，同时很好地缓解了社会矛盾和冲突，有利于社会秩序的稳定和繁荣。

三、任务解决

　　互联网的出现使得跨区域的沟通成为了现实，这极大地改善了人们以前仅仅靠地缘等环境因素来进行沟通。在这样的情况下，互联网可以成为小王和外界沟通的一个"新世界"，他可以用互联网和远在千里的志同道合的友人进行沟通。后来，他在QQ和其他论坛上加了不少的天文爱好者朋友，并且他还慢慢地开始加入爱好者们组织的观星活动等，甚至有些网友成为了他现实中的好朋友。而对于他之前喜欢的杂志，互联网上有相关的电子书籍，也可以在网上进行购买送货到家，通过这样的方式，小王之前的烦恼得到了完全的解决，可以说一定程度上是互联网支持了他的爱好。

必备知识

一、互联网人际互动对沟通的重要性

　　通过上述的阐释，我们可以看到互联网人际互动存在的优势，它对沟通和交流起到了重要的作用。从我们出生那一刻起我们就在进行沟通和交流，人生发展的过程实际上就是沟通的过程，沟通是人类社会生活中最普遍、最重要的一种活动或行为。人类社会的一切活动，都是信息制造、传递、收集的过程，因而沟通是无时无刻不在进行着的事情；一切人为的矛盾和纠纷，都是因为存在着沟通障碍，导致了个人、组织，甚至民族、国家之间发生了各种各样的矛盾冲突。沟通是人与人之间通过语言、文字、符号或其他

的表达形式，进行信息传递和交换的过程。

沟通是一种具有反馈功能的程序，被传送的不仅是语言文字，还包括动作、行为，以及思想、观点、态度和其他各种情报，目的是在于增进彼此双方的了解，增进群体和谐。通过沟通我们可以获取信息，拉近人与人之间的关系，化解矛盾，解决问题，让我们的生活更加多姿多彩……

互联网作为第四媒介，被人们广泛使用之后，同人类沟通行为相结合，就有了互联网沟通。它突破了时间和空间的界限，使人与人的沟通不再受时空的限制，人们步入了新型的沟通环境之中。互联网在我们的生活中已经是不可或缺，人们基本上都是依靠网络来接收和传递信息。随着网民数量的不断增加，如此众多的网络用户形成了一个庞大的交际圈，拉近了不同社会之间的距离，增强了人们与外界的联系，拓宽了人们的思维，增长了人们的见识，拓展了人们的眼界，导致人们可以跟上时代的步伐，思维方式发生转变，使人与人之间的沟通变得更加容易和快捷，交流也更广泛。

二、互联网信息接收和传递

信息技术的每次革新，都会带来信息传播的大革命，每一次革命都给人类的政治、经济、文化和社会生活带来不可估量的影响，推动着人类文明不断向更高层次迈进。信息技术强而有力地改变着人类生产与生活的面貌，最集中的反映就是信息的接收和传递方式的变革，使人们的沟通行为的方式也发生了变化，人们接收和传递信息越来越依赖互联网。

根据 CNNIC 发布的《第 33 次中国互联网络发展状况统计报告》，截至 2013 年 12 月，我国网民规模达 6.18 亿，全年共计新增网民 5358 万人，互联网普及率为 45.8%，较 2012 年底提升 3.7 个百分点。在整体网民中，即时通信的覆盖率达到了 86.9%，社交网站覆盖率为 60.7%，微博覆盖率为 55.4%。网民数量的增加以及互联网社交网络中网民庞大的覆盖率，表明了互联网在人们生活中的重要地位，它与传统经济的紧密结合正在逐步改变人们的沟通互动方式。

1. 互联网信息主体

互联网信息的接收和传递，都需要信息主体，互联网信息主体主要由信息生产者、信息传递者、信息消费者以及信息分解者四部分组成。

互联网信息生产者可以是个人、组织或者机构，它是信息发布的开始，普通网民、名人明星、网络达人、官方或非官方的机构组织等都可以成为信息的生产者；互联网信息传递者是将信息生产者发布的信息传送给信息消费者，它是信息流转的中间环节，我们最常见的就是网上的社交网站；互联网信息消费者是与信息生产者建立沟通或交流关系的个人、组织或者机构，它可以是信息的消费者，同时也可以转换角色成为信息生产者；信息分解者就是对互联网的信息进行筛选、搜集、加工、整合的个人、组织或者互联网平台，它保证了整个互联网信息流转的畅通和信息的增值。我们可以用比较通俗的例子来说明这个过程或许更容易懂。

例如已经 30 岁的小明还没结婚，也没有对象，急需找一个女朋友，他于是上相亲网站注册，将自己的个人信息发布出去，这时小明就是信息的生产者，相亲网站就是信息传递者；许多单身女生通过相亲网站看到了小明的征友信息，来选择是否同小明联系，这时这些单身女生就是信息消费者；相亲网站人员通过每个人的征友信息，以及他们的浏览记录，进行比对，筛选，对相亲网站上的注册用户进行推荐对象，这时管理相亲网站的人员就是信息分解者。

弄清楚了互联网信息的四个主体以及信息的接收与传播路径，其中涉及两项重要的活动就是信息的接收和传递。

2. 互联网信息的接收

生活中，接收信息已经成为了我们无意识的活动。随着互联网的广泛使用，它成为了我们接收获取信息的重要渠道。互联网就是一个海量信息库，通过这个平台，我们可以随时随地获得自己所需的资源。相反，如果一个个体接收不到信息，那么他也无法传递信息，更无法了解变幻万千的世界，也会陷入与世隔绝的境界。

不管是在互联网出现之前还是出现之后，信息对我们都至关重要。有了互联网，我们每天接受海量信息，它拓宽了我们的眼界，增长了我们的见识，扩大了我们的人际交往圈；通过互联网接收信息，我们可以与他人建立联系，特别是建立同自己的亲人好友的联系，可以随时知道他们的近况，加深彼此之间的感情；通过互联网接收信息，我们可以随时随地了解世界各地发生了什么事，可以浏览到最新的新闻信息，可以与时代接轨……

(1)互联网信息接收的途径。

互联网信息接收的途径很简单，只要满足上网条件，打开互联网，就可以接收信息。QQ、微信、微博、电子邮件、网页、社交网站等等，都是我们接收互联网信息的途径。

例如电子邮件，最初电子邮件是用来收发电子信函的，但是随着互联网技术的不断更新，电子邮件不仅可以用来发送文本、数据，还可以用来发送图像、声音、视频等信息。它的简单便捷被众多网络用户在进行信息交换时采用。同时，互联网上有成千上万的电子论坛，多以专题设立，用户通过电子邮件可以自由地加入电子论坛、订阅期刊，与同行共同探讨学科和专业的热点、难点问题，并且该专题的所有言论将通过网络传递到用户的电子邮箱中，从而达到获取互联网信息的目的。

还有，现在一本期刊的成本价很高，订阅一年的期刊会是一笔不小的花费，但是通过电子邮件订阅电子期刊，特别是一些学生群体、专家、研究者，他们是订阅电子期刊的忠实用户，一旦用户订阅成功，那些经过组织、总结、概括、编辑后的专题信息将通过电子邮件发送给用户的邮箱，省时又省钱。

除了电子邮件，互联网检索工具也是接收信息的途径之一。我们为了准确、快速地查找互联网络上的丰富信息资源，世界各地的专家、学者开发了诸如 FTP（文件传输协议）、Telnet（远程登录）、WAIS（广域信息服务器）、WWW（万维网）等性能优越的信息检索工具。这些检索工具给用户提供了接收互联网信息资源的捷径。

(2)互联网信息接收的特点。

互联网信息接收的特点分为主动和被动。我们在上网的时候，会对互联网上的信息进行甄别和选择，只接收自己需要的信息，这种信息接收方式为主动；但是我们不难发现，在浏览网页或者进论坛时，我们往往会被动接受一些不需要的互联网信息，因为互联网技术的发展，很多广告或者窗口可以自动弹出，我们的邮箱或者手机也经常会接收到一些无用的广告、商业活动等信息，这种就为被动接受。

(3)互联网信息接收的不足。

通过互联网接收信息最大的不足就是信息的碎片化。它与书本的完整性和结构的严密性不同，信息化时代，人们每天通过互联网接收到了非常多的信息，但却没有真正地深刻理解和记忆，刚刚浏览过的信息还未消化，很快就被新的信息所冲刷掉了，这种快餐式的信息获取方式使人们对阅读缺少了深入思考，对新知识的记忆减退。

我们每个人的记忆力在一定的时间里也是有限的，面对海量信息扑面而来的时候，个人精力不足会导致信息传递的错误，加重信息污染。同时，碎片化的接收信息，会导致权威观点的缺失，有用信息和无用信息都同时被接收，很难去区别信息的真假，在有限的时间里也很难挖掘出真正公认的真理，同时，互联网信息更新速度非常快，很多信息还没弄清楚就被新的信息所覆盖。

(4)互联网信息接收的改进。

通过上述互联网信息接收存在的不足，要做好互联网信息的接收工作，就要搞好互联网信息资源的加工和组织工作，开发与建设网上信息资源指南系统。由于互联网上信息混杂、碎片化，通过多种搜索引擎，对某一主题进行信息查询、浏览，并参考有关文献，选择应用价值较高的信息资源，设置多个级别类目，引导互联网用户迅速找到所需要的资源信息。同时，通过系统、全面地开发利用互联网上的信息资源，建立互联网信息资源指引库，指引库可以将互联网上与某一个主题或某些主题相关的节点进行集中分类，按照方便检索的原则，使用我们熟悉的语言来组织信息，并向信息搜索者提供这些资源的分布情况，指引我们查找，可以节省我们很多时间和精力。

3. 互联网信息的传递

互联网作为人类信息传播与接收的"第四媒体"被广泛使用，并迅速取代传统媒体，促使信息传递发生了广泛而深刻的变革，通过互联网展开的信息传递已经成为信息传递链条中不可或缺的部分，传递内容和手段的发展深刻改变了人们信息接收方式。

所谓互联网信息传递就是通过互联网这个平台和手段进行信息交流与传递的过程。通过互联网进行信息传递，给我们提供了最快捷、最便利的沟通方式。它是我们人类有史以来增长最快的信息沟通手段，它的出现不亚于纸张发明的意义，不仅影响着政治和经济，还影响着我们的生活方式和思维方式。

(1)互联网信息传递的特点和优势。

不管是传统媒体还是新兴媒体，对突发事件的报道，对民间声音的表达，对高层决策的影响，都必须进行信息传递活动，互联网信息传递已成为信息交流的重要窗口，也成为人们接收、利用信息的新潮流。

从互联网信息传递的内容及其表现形式来看，它体现了数字化、全球化、信息多样化和无限性，可以随意存储复制、方便检索；从互联网信息传递的优势来看，在传递信息的时候，具有迅捷性、交互性、超时空性的特点；在进行信息传授的关系角度来看，互联网信息传递具有多元性、自由性、个性化的特点。

例如在2013年4月20日上午8点20分，四川雅安发生了7.0级地震，地震发生后不到20分钟，通过互联网，使地震的消息很快得到了传递，各级政府迅速在第一时间展开了地震救援工作。

互联网信息传递的速度具有无可比拟的优势，从传者到受者，时效性强，信息传递路线从封闭走向开放，特别是对于公共事件的发生，通过互联网进行信息传递，不仅可以快速对事件做出反应，还可以安稳人心，维持社会稳定。

总之，互联网信息传递它顺应了信息时代的潮流，满足了用户获取信息的心理需求，改变了传统信息传递方式，使得人类信息的传递方式变得更加丰富多彩。

（2）互联网信息传递的不足。

虽然互联网信息传递存在很多优势，但是也有一些不足。

首先，信息内容数量多，质量差。互联网上相互传递的信息虽然很多，且呈现泛滥趋势，但是很多信息都是一些利用价值不高，缺少原创内容和专业水准的信息，虚假信息泛滥。

其次，互联网信息传递因为发布者多元化、全球化、选择的自由化、传授关系的互动化等原因，促使互联网上出现了众多虚假信息、不良信息，导致互联网信息传递中的失范现象泛滥。主要表现在所传递信息的真实性和可信度的降低、网络信息传递明显的煽情化倾向、商业化倾向，网络犯罪与网络安全问题日益突出。

最后，互联网信息传递内容组织不合理，不清晰，严密性和结构性不够，而且信息碎片化严重，更新速度快，容易导致信息传递的缺漏和不易存留。

从总体上看，我国网络信息传递的水平还不高，具有专业性水准、信息质量高、影响力大的网站为数不多，许多网站和用户为了追求商业利益，不顾社会道德，传递虚假信息，严重影响了信息传递的通畅用户之间的信任度。

（3）互联网信息传递的发展对策。

互联网信息传递存在的不足与缺陷，极大地影响了互联网信息传递优势的发挥，对用户的吸引力也受到了一定程度的遏制。针对上述问题，我们在进行互联网信息传递的过程中，可以从信息传递的内容与形式、媒介功能、用户素质、网络环境四个方面提出相应的发展对策。

从内容与形式的角度来完善互联网信息传递，就必须了解用户的兴趣与需要，他们的上网习惯和信息浏览内容偏好。网络信息传递的发展，造就了一个全新的信息受众群体，网络信息受众在获取信息的习性上呈现出一些全新的变化，及时关注他们的新变化，研究这些新变化，对提高网络信息传递的质量有重要意义。

互联网在传递信息的过程中，承担着重要的媒介作用，所以要高度重视互联网的舆论宣传作用，积极引导，充分运用，加强管理，趋利避害，不断增强网上宣传的影响力和战斗力。互联网多元化、个人化的特点使得网络环境下的舆论监督和信息传递表现出更为分散的特征，这些都对新时期的网络舆论导向提出了挑战，要充分发挥和加强互联网的舆论监督作用。

互联网信息传递效果与否，同我们每个人的素质密不可分，如果用户在使用互联网的过程中，遵纪守法，文明上网，可以大大减小互联网垃圾信息和不良信息的传播，也可以增强互联网信息传递的效果。

近年来，我国不断倡导净化网络环境，规范网络媒体，维护网络秩序。互联网信息传递过程中，需要有一个良好的网络环境作支撑。通过近几年的实践与探索，我国相继出台了系列规范网络行为、加强互联网安全的法律法规，并对互联网上的不法行为进行惩处。

例如，打击网络大"V"事件，惩处"秦火火"造谣事件。"秦火火"利用互联网这个平台，在网络上肆意散布谣言，称铁道部已向在"7·23"动车事故中意大利遇难者茜茜协议赔偿3000万欧元、张海迪拥有日本国籍、李双江之子并非其亲生的等等这些耸人听闻的消息，通过造谣来牟取暴利。2013年8月19日，"秦火火"在沈阳被北京警方抓获，以涉嫌寻衅滋事罪和非法经营罪被北京警方刑事拘留。

拓展训练

初中生小明是一个整天沉迷于网络的学生，由于父母忙于工作，忽略了对小明的关心和爱护，小明每天都沉迷于网络，打游戏、聊QQ等等。在学校不想学习，上课玩手机，下课不愿跟同学交流，老师很替小明担心，于是找到他的父母，希望能跟小明谈一谈，但是小明拒绝同父母沟通，每天放学就把自己关在房间了玩电脑。

请问：

1. 小明的父母可以通过互联网那种方式跟小明交流？
2. 小明的父母要从哪个角度来实现跟小明的沟通？

推荐阅读

《网络人际互动：网络实践的社会视野》，作者：吴满意
《互联网信息服务管理办法》

任务二
了解互联网沟通的问题和禁忌

学习目标

知识目标： 了解互联网沟通过程中存在信息失真和片面等问题和禁忌，明白网络中虚拟关系的脆弱性。

能力目标： 通过对互联网沟通问题的剖析能有效的规避互联网不利因素并且发挥互联网沟通的优势。

工作任务描述

张芳是个90后的女孩，和大多数90后女生一样，她很喜欢自拍，对互联网非常熟悉并且经常发微博、微信、喜欢用QQ等互联网聊天工具。有一天，心情不好的她刚刚发了一条微博之后，很快就被一个社会青年尾随并且抢了她随身带的包。

问题及思考：

1. 请设想张芳遭遇抢劫相关原因？
2. 如何避免在进行网络沟通的过程中却给自己带来伤害？

工作任务分解与实施

一、影响互联网沟通的因素

(一)上网条件

要想实现互联网沟通，首先要具备的就是上网条件。上网条件包括电脑或者移动设备，光纤宽带，一定的互联网上网基础知识等等。要想实现互联网沟通就必须要满足以上条件，特别是网络的覆盖，现在世界很多地方包括我国一些贫困地区，由于物质条件和地理条件的限制，没有光纤宽带，缺少网络覆盖，以至于到现在还没有实现互联网的使用。

在互联网沟通中，只有双方都具备了上网条件才能让沟通畅通无阻。

(二)沟通者的人生价值观

在互联网沟通中，一个人的价值观往往决定一个人的行为方向，了解价值观对行为的影响对于提高沟通效果有着重要的意义。

价值观是指一个人对周围客观事物的意义、重要性的总评价和总看法。这种对诸事物的看法和评价在心目中的主次、轻重的排列次序，就是价值观体系。价值观和价值观体系决定人们行为的心理基础。我们每个人的价值观都不同，有的人把金钱看得最重要，有的人把奉献社会看得最重要，也有人把学历、地位看得最重要等等。互联网虽然是一个看不见对方的虚拟世界，但是对于价值观，在沟通的过程中是可以通过一个人的语言、行为方式体现出来的。例如以下六种。

1. 追求真理性价值观

它是以知识和真理为中心的价值观，具有理性价值观的人把追求真理看得高于一切。

例如印度民族解放运动领袖甘地，他带领国家迈向独立，脱离英国的殖民统治。他的"非暴力不合作"的哲学思想，影响了全世界的民族主义者和争取和平变革的国际运动者们，鼓舞了许多的民主运动人士。

具有理性价值观的人，把追求真理、知识看的比生命更重要。如果同这类人进行沟通，他们更看重志同道合，一种精神的默契，而不是物质享受，更不是金钱了，只需要通过语言就可以同他们达到沟通的效果。

2. 政治性价值观

它是以权力地位为中心的价值观，这一类型的人把权力和地位看得最重要。

例如《东周列国志》中的"吴起杀妻求将"的故事，吴起希望在鲁国获得大将之职，由于妻子是齐国天宗之女，吴起为得到重用就杀了自己的妻子，还有唐太宗李世民的儿子李泰为了争夺太子之位不惜也要杀掉自己的儿子。

看重权力的人，为了自己的权力可以牺牲一切，他们的价值观里普遍认为要想做事，就需要权力的支持，通过获得权力实现自己的理想和抱负。互联网沟通中，越来越多地涉及政治这个话题，特别是国家政府部门互联网的利用率越来越高，不管是同国内还是国外进行沟通，都少不了互联网，而政治性的价值观在互联网沟通中就显得极为重要，沟通中要找准他们的切重点，要展示出理想和抱负，但是切勿走入歧途。

3. 社会性价值观

它是以群体和他人为中心的价值观，这类人认为群体、为他人服务是最有价值的。

人民的好儿子雷锋就是最好的证明，他一生甘愿为人民服务而不求回报，把奉献、服务他人作为最高的人生追求，信奉他人快乐自己快乐的信条。社会需要这类价值观的人组成人际和谐的主体人群，特别是我国不断提倡传播社会正能量，我们在利用互联网传播社会性价值观时，注重学习其身上的正能量，并对其行为品行要怀有崇敬之心。

4. 经济价值观

它是以有效和实惠为中心的价值观，认为世界上的一切，实惠就是最有价值的。这类价值观的人比较现实、注重效果，把利益和金钱看得比较重。在和这类人沟通时，市场、价格、企业的管理运作，怎样才能高效低耗最大限度地获取效益和利润，是其最关心和最能引起共鸣的话题。

5. 宗教信仰性价值观

它是以信仰为中心的价值观。认为信仰是人生最有价值的。多数宗教是研究人生哲学的，信仰成为这类价值观的表现形式。最典型的是中国的道教、佛教，西方的天主教、基督教等。宗教性的价值观，信仰成为价值观的表现形式，在与这类人的沟通过程中，要避免出现与其信仰相违背的语言或者行为，避免出现他们信仰的禁忌，这样才有利于在相互交流中获得共识。

价值观往往决定人的行为方向，说话方式，甚至情绪表露，在沟通过程中，了解沟通的对象属于哪种类型的价值观，预测在沟通过程中可能发生的状况，在沟通过程中就能找准切入点，可以很好的决定沟通的策略和方法，取得良好的沟通效果。

（三）网络用语

互联网是一种全新的交流沟通方式和传播方式，虚拟的网络世界摆脱了现实的束缚，造就了个性鲜明的网络用语。网络用语是人们在互联网上广泛应用于信息交流传播的一套信息符号。广义的网络用语包括和网络有关的专业术语，如硬件、病毒；网络有关的特别用语，如网民、闪客。狭义的网络用语主要指网民用于网络聊天或发表个人观点的用语。我们主要讨论狭义的网络用语它对互联网沟通的影响。据统计，只要运用了互联网进行交流，大部分都会使用到网络用语，可见网络用语的使用目前已十分普遍。

网络用语包括符号图形类、谐音类、缩略词类、旧词新义类、引申类、新词类等。符号图形类主要由非文字的特殊符号组配而成，部分与文字组合来表达含义，其最大的特点是用于表达人类各种表情。谐音类这类网络用语主要使用发音相近的字词甚至是数字来表达一些传统用语中的书面字词，如大侠变"大虾"，同学变"童鞋"。缩略词类网络用语通过组合原来要表达字词的拼音或者单词的首字母来表达含义，如 By the way 也被缩略为"BTW"。旧词新义类网络用语赋予一些传统语词新的含义，常用于表达与网络交流主体或者网络行为相关的含义，如"眼球"是指借用其功能来表示注意力。引申类网络用语依然沿用了传统语词的含义，但在网络环境下，引申出了与网络行为相关的特定含义，如"汗"表示敬畏和无奈、惊呆。新词类用语是在互联网信息交流和传播过程中诞生的，主要用于表达与网络交数字代码类，如"duang"，"世界那么大，我想去看看"。再普通不过的是阿拉伯数字，用到网上则有不寻常的意义。数字代码类用到网上则有不寻常的意义。如"88"是"拜拜"，"520"是"我爱你"。

是否能了解并熟悉掌握网络用语，可以直接影响到沟通交流的效果。目前，网络用语的使用频率越来越高，越来越流行，人们也越来越喜欢使用网络用语，它对互联网沟通有重要的影响作用。使用网络用语进行沟通和交流，它可以提高信息交流的效果，使互动双方之间的思想得以交流；它可以用文字的形式形象表达互联网沟通时的动作、语气、音调、姿势等，可以迅速领略到对方的情感，可以营造良好的信息交流氛围；网络用语的高度缩约化简化了信息的传递过程，提高了信息交流效率，节约了双方信息传递的时间；同时，如果熟练掌握使用网络用语，在互联网沟通中，可以突出个性、显示自我、吸引更多的注意力，特别是在一些社区论坛中，处于互联网人际交流状态时，普遍具有被认同和渴望交流的心理状态，要想很快获得认同感，就要使自己的信息交流趋向个性化，并熟练使用特定社区的网络用语，这是取得这种投契的基础。

网络用语在互联网发沟通交流中，一定程度上弥补了其他语言形式的缺点和不足，它传播快，效果好，方便简单，是互联网时代沟通交流的趋势和潮流，对互联网沟通起到了重要的影响作用。

（四）文化环境

虽然说互联网是一个虚拟的世界，但是在沟通过程中一样会受到文化的影响的，文化也是影响沟通效果的一个重要因素之一。

我们每个人都有自己独特的种族、性别、年龄、宗教信仰等等，不同的国家、不同的民族都有各自不同的文化，文化的不同促使人们的行为举止、语言风格、思维方式也有所不同。因此，在互联网的沟通交流过程中，这些不同也会体现在我们使用互联网沟通的行为过程中。特别是语言，不同文化环境的人对同一个对象就会有不同的看法和见解，特别是一些特殊的社区和论坛，我们在交流沟通时就必须提前对不同文化进行了解，并学会尊重文化的多样性和换位思考，在沟通过程中，能很好地理解对方的文化习俗，这不仅是对对方的尊重，也是取得沟通效果的关键因素。

二、互联网沟通存在的问题

虽然互联网人际互动大大方便了我们日常的沟通和交流，但是由于互联网的匿名性和不确定性，也带来了很多的负面影响。

(一)信息交流的失真和片面性传递

我们的人际沟通一般分为语言沟通和非语言沟通两个方面。语言沟通是由具有共同意义的声音和符号，具有系统的沟通思想和感情，话语的组合形成的交谈形式等三方面所组成的一种人际沟通方式。而非语言沟通则主要指人际沟通过程中的肢体动作，例如面部表情、手势、姿态等等，还有环境因素，例如交谈时候的地点、灯光、人物衣着等。成功的人际沟通必须建立在语言与非语言两者相互作用的基础上。

互联网虽然可以很方便地进行沟通和交流，还可以进行视频、音频对话，但是网络上用户最常用的还是以文字为主，并且不是面对面的沟通交流，无法真实地感受到对方的感情与语调，有时候更无法知道对方的真实身份。例如互联网虽有语音聊天功能，但无法表达出非语言沟通方面的很多其他信息；虽然在使用文字表达的时候可以通过一些表达情绪含义的数字、符号来表现交谈者的情绪和感情，但这种沟通也只能使交谈对方局部感观有所察觉，对其他更多信息的了解仍然不全面。如此一来将导致信息交流的失真和片面性，还会造成误传。

同时，互联网信息的传递环节、信息源的不确定，都会造成沟通过程中的信息障碍。信息接收者对信息源的认可程度，直接决定了用户对信息本身的认可程度。自己的亲人朋友传递的信息得到的认可远远高于陌生人传递的信息。信息传递的环节越多，对信息进行加工就越多，信息失真的可能性就越大。

(二)存在网络诈骗和人身财产安全问题

用户在进行互联网沟通互动时，存在最大的缺点就是网络的匿名性和不确定性，这些因素造成你永远不知道此刻跟你聊天的是怎样一个人。互联网的使用，使用户普遍扩大了交际圈，很多人喜欢在网上谈恋爱，交朋友，但是最后却发现对方跟自己在网上认识的那个人完全不一样，严重的还会被骗财骗色。

例如，QQ在刚出现的那几年，由于大受网友喜爱，很多青少年都有QQ号，没过多久，网上就掀起了一股网恋之风，很多青少年被骗。湖北孝感一高中女生小青通过加QQ好友认识了在江苏做"大生意"的老板小陈，小青被其幽默的说话风格所吸引，觉得他是个有钱的主，迅速与其陷入了网恋，不到两个月，小青被小陈说动，偷偷从家里偷了父母的现金坐车去见小陈，没想到却是一场骗局，小陈不止穷，而且一直在做偷鸡摸狗的违法之事，小青觉得受骗要回家，结果被小陈扣留，并强迫她去卖淫。最后小青通过跳窗户跑了出来，并向警察报了警才被解救出来，小陈也被警方控制。

大学生小红由于去网吧上了一次网，QQ号不幸在网吧的电脑上中毒，不法分子通过小红的QQ号，向小红所有的QQ好友发送借钱的消息，称其父亲生病住院，需要借钱做手术。为了确保借钱的真相，还声情并茂的描述父亲住院的情况，结果导致小红的好几个好友上当受骗，分别给不法分子打了2000块钱。等到小红发现自己QQ中毒并向自己的QQ好友澄清事实时已经来不及了。

类似的案例数不胜数，由于互联网的虚拟性和安全漏洞问题，恰恰给了不法分子可趁之机。特别是喜欢上网的青少年，缺乏安全警惕意识，人生阅历不够，很容易在上网的过程中上当受骗。

(三)依托网络建立起的人际关系具有脆弱性和盲目性

互联网的广泛应用，一方面，使人们的网络人际沟通更为方便，人际交往的范围扩大到无限的虚拟的网络空间，人们可以随心所欲地在网上结识朋友；另一方面，网络人际关系的建立又具有脆弱性和盲目性的特征，人们只要通过一个账号与他人接触、聊天或谈话，就可以交到很多朋友。因为网络虚拟性的特征，交谈双方无法了解对方的真实情况，这就使交友双方缺乏互信的人际关系，在沟通交流的过程中都会有所保留。在缺乏信任的基础上建立起来的关系，缺少双方之间全面、准确信息的互通，人际关系就显得很脆弱，且不易维持。

(四)网络沟通方式增加了人们的心理距离

互联网使"遥远的人变亲近了，身边的人变遥远了；陌生的人变亲近了，亲爱的人变疏远了"。这句话已经被很多人提出来过，众多心理学者认为：网络在缩小人与人之间的空间距离的同时，无情地拉远了人与人之间的心理距离，并引发了许多心理危机。

互联网的普及，带来了网络沟通的快速发展，人与人之间的沟通从传统的"人—人"，变成了"人—机—人"的沟通模式。互联网虽然使地球变小了，但是这种以计算机为媒介的沟通方式极大地减弱了人与人之间的直接的、面对面的互动关系，现在很多信息交流都被网络化了，特别是出现了很多"低头族""宅男宅女""网虫"等等。

这样一来，不可避免地弱化了历久以来所形成的人与人之间的人际沟通模式的作用，进而影响人们在心理和感情上已经建立起来的平衡，使人容易产生孤独或冷漠，造成家庭的不和谐。

三、互联网沟通的禁忌

互联网的使用的确给我们生活带来了极大的方便，也给我们的沟通和交流提供了便捷，但是通过上述影响沟通的因素和互联网沟通带来负面影响，我们必须了解互联网沟通中的禁忌。

(一)隐私泄露

在互联网沟通中，隐私问题是每个网民必须重视的问题，每个公民都享有隐私权。网络隐私权是隐私在网络中的延伸，用户在网上享有私人生活安宁、私人信息、私人空间和私人活动依法受到保护，不被他人非法侵犯、知悉、搜集、复制、利用和公开的一种人格权；也指禁止在网上泄露某些个人相关的敏感信息，包括事实、图像以及诽谤的意见等。

但是网络安全设施还不够完善，用户在进行网络沟通交流过程中，很容易发生隐私泄露问题，最常见的就是手机号码和身份证号被泄露，经常收到莫名其妙的短信和电话，QQ 账号也被盗取。另外，一些喜欢上网的青少年缺乏安全防范意识，很容易在网络上上当受骗。因此，我们每个人都要有隐私安全意识，且不可随意侵犯他人隐私，做违法犯罪活动。

(二)网络暴力

互联网的优势之一就是可以缓解社会矛盾，网民的不满情绪、愤怒等可以在互联网上得到发泄，以避免现实生活中的冲突和矛盾。但是，很多人却把互联网当成攻击他人的渠道，采取网络暴力。

根据事实的表征，当众多网民对同一公共事件的争论越出了公共批评的界限，而变成了网友的集体声讨，对个人隐私的揭露、从网络到现实的"追杀"，就陷入了网络暴力的边界。网络暴力包括侮辱、谩骂、网上围攻、诽谤、恶意暴露个人隐私、将网上的声讨延伸到现实的人身攻击、严重践踏网络文明的网络事件称为"网络暴力"。

例如：明星的粉丝群在网络上掀起口水战，网络名人利用互联网沟通平台，例如微博、微信等，在上面散布谣言，谋取暴利，甚至进行言语攻击他人。还有一些人为了发泄情绪，满足自己的好奇心和快感，进行人肉搜索，将别人的隐私公布到网络上，例如卖身救母事件、网络虐猫事件，火爆的"铜须门"网络丑闻和"功夫少女"色情照片事件等等，都在互联网上掀起了一场场风波。这种网络人肉搜索，采取的是人海战术，不仅将当事人的隐私暴露了出来，也对当事人的人格和尊严造成了极大的伤害。

这些网络暴力行为不仅对净化网络环境带来了负面影响，而且严重扰乱了社会秩序。网络是一个虚拟的世界，同时也是一个和真实世界并行、交融的现实世界，我们在使用互联网的时候，一定要有文明上网意识，做有素质、有道德的网民，特别是对于青少年，由于欠缺对社会的认知，在使用互联网的时候很容易被误导，要加大对青少年文明上网的引导力度，增强他们的自律意识和明辨是非的能力，培养网络用户健康的心态和健全的人格，国家相关部门要严厉打击色情、暴力、流言、欺骗、谩骂等丑恶的网络行为，逐步净化网络环境。

(三)违法犯罪

利用互联网进行违法犯罪活动，也是互联网沟通的禁忌之一。互联网上的资源不受时间和地域的限制，加上互联网的匿名性和不稳定性，给了不法分子可趁之机。同时，一种全球性的网络道德规范结构还没有形成，关于互联网的法律规章还没有成熟，因而很容易被某些人滥用来进行一些非法活动。

所以在进行互联网沟通时，每个用户必须严格遵纪守法，不可进行网络诈骗、恶意攻击、网络盗窃等行为，更要杜绝钻法律的空子。各国政府也要尽快建立完善成熟的互联网法律法规，对违法犯罪行为进行严惩，科学引导网络舆论，加强网络信息安全和网络技术保护工作，以保障互联网的稳定、健康运行，从而创造一个良好的网络沟通环境。

二、任务解决

张芳被抢劫这个案例，这和她自己太喜欢在网络上分享自己生活其实是分不开的。据了解，张芳经常把自己的美照、旅行的地方，吃的美食，开心和不开心的事情在朋友圈和微博晒出来。事发当天，张芳心情不太好，就在微博中写到了"天黑了，一个人漫步在这条路上，心情更加郁闷了……"并且还定位了自己的准确地址。这时，经常关注她微博的一名社会青年正好在附近，通过长期关注，他对张芳的经济情况、工作、爱好都有所了解，早有不良居心。看到这条微博，他感到机会来了。于是迅速到了附近伺机抢劫。

为了避免类似的事情发生，就需要我们不要在网络上透露自己的隐私信息，比如职业、家庭住址以及其他的情况，如果时刻"直播"自己的生活，无疑是自己带了一个监控器在自己身上，这会让不法分子更加清楚掌握信息。更不要在网络上进行炫富等行为，这将更多的引起不法分子的注意，增加自己发生安全事件的概率。

必备知识

一、互联网安全

互联网安全问题，应该像每家每户的防火防盗问题一样，做到防患于未然。甚至不会想到你自己也会成为目标的时候，威胁就已经出现了，一旦发生，常常措手不及，造成极大的损失。

(一)主要威胁

1. 网络攻击

(1)主动攻击：包含攻击者访问所需要信息的故意行为。

(2)被动攻击：主要是收集信息而不是进行访问，数据的合法用户对这种活动一点也不会觉察到。

被动攻击包括：

窃听。包括键击记录、网络监听、非法访问数据、获取密码文件。

欺骗。包括获取口令、恶意代码、网络欺骗。

拒绝服务。包括导致异常型、资源耗尽型、欺骗型。

数据驱动攻击：包括缓冲区溢出、格式化字符串攻击、输入验证攻击、同步漏洞攻击、信任漏洞攻击。

2. 病毒木马

木马病毒一般都是在下载安装一些不安全的软件和浏览一些不安全的网站的时候侵入到电脑中的，建议您不要浏览不安全的网站和不要安装不安全的软件。

3. 伪基站

"伪基站"即假基站。设备是一种高科技仪器，一般由主机和笔记本电脑组成，通过短信群发器、短信发信机等相关设备能够搜取以其为中心、一定半径范围内的手机卡信息，通过伪装成运营商的基站，任意冒用他人手机号码强行向用户手机发送诈骗、广告推销等短信息。

4. APT 攻击

APT(Advanced Persistent Threat)——高级持续性威胁。利用先进的攻击手段对特定目标进行长期持续性网络攻击的攻击形式。APT 攻击的原理相对于其他攻击形式更为高级和先进，其高级性主要体现在 APT 在发动攻击之前需要对攻击对象的业务流程和目标系统进行精确的收集。在此收集的过程中，此攻击会主动挖掘被攻击对象受信系统和应用程序的漏洞，利用这些漏洞组建攻击者所需的网络。

5. 无线网络

随着移动设备的爆炸式增长，2011 年各种笔记本电脑、上网本、智能手机、平板电脑都快速融入人们的日常生活中。而例如咖啡厅、宾馆等公共场所所提供的无线网络安全问题，也会成为关注焦点。黑客可以很轻易地通过公共无线网络侵入个人移动设备，获取隐私信息等。

二、网络诈骗

网络诈骗是指以非法占有为目的，利用互联网采用虚构事实或者隐瞒真相的方法，骗取数额较大的公私财物的行为。网络诈骗与一般诈骗的主要区别在于网络诈骗是利用互联网实施的诈骗行为，没有利用互联网实施的诈骗行为便不是网络诈骗。

例如：李浩是一个平凡的上班族，上班闲暇时间他和很多人一样喜欢点开网页看新闻。有一天他看到电脑屏幕右下方弹出一个消息框说他的 QQ 号码被抽中了某活动一等奖，奖金 800 元。高兴无比的他点开了网页，并且按照提示填写了自己的"中奖信息"，包括身份证号，支付宝账号等。等待奖金的他却很快发现自己支付宝里的 5000 元钱被莫名取走了，最后经过调查才知道原来他之前填写信息的网站是专门的钓鱼网站，盗取网民金融资料以窃取财产。知道真相的他后悔莫及，再也不敢在网上填写自己的重要信息。

网络信息太多太繁杂，为了区分信息的真实性，首先是要保证一个理性的思维，最容易被上当受骗的就是一些虚假的中奖信息，首先要对类似的信息有理性客观的认识。其次是要知道钓鱼网站需要的大多数情况下是关于你的银行账号、密码、信用卡资料、社会保障卡号以及你的电子货币账户信息。并且是通过 yahoo 邮件、gmail 及其他免费邮件向你发出消息让你提供信息。而上述那些正式公司绝不会通过电子邮件让你提供任何信息。如果你收到类似要求，让人提供资料，或者在邮件中带有指向网站的链接，那么它一定是网络钓鱼诈骗。所以有理性客观的思维在辨别网络信息中是非常重要的。而网络诈骗的手段也是有迹可循的。

(一)欺骗手段

(1)黑客通过网络病毒方式盗取别人虚拟财产。一般不需要经过被盗人的程序，在后台进行，速度快，而且可以跨地区传染，使侦破时间更长。

(2)网友欺骗。一般指的是通过网上交友方式，从真人或网络结识，待取得被盗者信任后再获取财物资料的方式。速度慢，侦破速度较慢。

(3)网络"庞氏诈骗"。一般是指通过互联虚假宣传快速发财致富，组织没有互联网工作经验人员，用刷网络广告等手段为噱头，收敛会费进行诈骗。

(二)提防手段

增强自我意识。"天下没有免费的午餐",现在很多网页挂马都以广告方式使网友中毒,所以不要贪速度,很容易就一不小心点错。

为电脑安装强有力的杀毒软件和防火墙。定时更新,提防黑客侵入。

拓展训练

随着互联网的普及,网民的年龄越来越趋于低龄化,青少年一族越来越多,他们在使用互联网的过程中会被各种各样的信息所迷惑。

请问:

1. 青少年在使用互联网的过程中要注意哪些安全问题?

2. 青少年在使用互联网过程中不应该触碰哪些禁忌?

推荐阅读

网络安全管理条例

互联网信息安全法律法规

参考文献

[1] [美]科里·弗洛伊德. 李育辉译. 沟通的力量：成功人际交往 12 法. 北京：机械工业出版社，2011

[2] [美]珍妮·西格尔，杰琳·吉夫. 杨惠译. 打破沟通不畅的困境. 北京：中国电力出版社，2014

[3] [美]梅里尔·卢尼昂. 罗汉，陈善其，喻国平译. 沟通的力量——强力词汇激活社交潜能. 上海：世纪出版集团，2010

[4] 吴桂娟. 赢在沟通. 北京：中国经济出版社，2011

[5] 张心萌. 有效沟通的力量. 北京：中国纺织出版社，2011

[6] 张俊娟. 如何有效沟通. 北京：人民邮电出版社，2010

[7] 吕书梅. 沟通之道. 北京：经济管理出版社，2010

[8] 王佳，许玲. 人际沟通与交流(第三版). 北京：清华大学出版社，2013

[9] 杨连顺，谢义华. 职场人际关系与沟通技巧. 天津：天津大学出版社，2012

[10] 李维文. 六度人脉. 长沙：湖南文艺出版社，2012

[11] 曾仕强. 圆通的人际关系. 北京：北京大学出版社，2008

[12] 吴雨潼. 人际沟通实务教程. 大连：大连理工大学出版社，2011

[13] 金正昆. 社交礼仪教程. 北京：中国人民大学出版社，2009

[14] 秦启文. 现代公关语言艺术. 重庆：西南师范大学出版社，1997

[15] 赵京立. 演讲与沟通实训. 北京：高等教育出版社，2013

[16] 杨序琴. 管理沟通实务. 成都：西南财经大学出版社，2011

[17] 何欣. 口才训练. 北京：中国政法大学出版社，2010